J.I.B.
Trof-y-Clawdd.
Mis Ionawr 2004.

£4-50
FNAC
19/48

Stori Dafydd ap Gwilym

Argraffiad cyntaf: 2003

℗ Hawlfraint: Gwyn Thomas a'r Lolfa Cyf., 2003

Lluniau: Margaret Jones
Dylunio: Olwen Fowler
Cyhoeddwyd gyda chymorth ariannol Cyngor Celfyddydau Cymru

ISBN: 0 86243 705 9

Argraffwyd a chyhoeddwyd gan Y Lolfa, Talybont, Cymru

Stori

Dafydd ap Gwilym

1315/20 — 1350/70.

gan
GWYN THOMAS

lluniau gan
Margaret Jones

Cymru yn 14eg Ganrif

Môn

Biwmares

Aberffraw
Malltraeth

Bangor

Rhosyr / Niwbwrch
Caernarfon

OGWEN

CONWY

CLWYD

DYFRDWY

LLYFNI

Pontllyfni

Dolbenmaen

Maentwrog

Y Bala

Traeth Mawr
Traeth Bach

Talsarnau

Llanuwchllyn

Harlech

ARTRO

MAWDDACH

Abaty Cymer
Dolgellau

Hafod Oer
Tal-y-llyn

Llanbedr

DYSYNNI

DYFI

HAFREN

Tywyn (Gogledd)

Y Mers

Llanbadarn
Aberystwyth

RHEIDOL

YSTWYTH

Ystrad Fflur

Tywyn (De)
Llandudoch

AERON

TEIFI

Nyfer

Castell Newydd Emlyn

TYWI

TAWE

Arberth

CWY

TAF

Basaleg

Amcan o leoliadau a geir ar y map hwn. Nid oedd yn bosib rhoi rhai enwau tai etc. arno am fod hynny'n creu gormod o drwch o enwau ar rai rhannau o'r map.

Cynnwys

Cyflwyniad

Stori Dafydd ap Gwilym yw teitl y llyfr hwn, ond efallai y byddai Buchedd Dafydd ap Gwilym yn fwy addas, a chymryd 'buchedd' fel y mae'r gair yn cael ei arfer yn yr Oesoedd Canol wrth sôn am hanes seintiau. Yr hyn a geir mewn 'bucheddau seintiau' yw ychydig ffeithiau, os ydym ni'n lwcus, a llawer o ddychmygu ffyrnig. Y mae'r 'dychmygu ffyrnig' yn wir am y llyfr hwn hefyd, er bod ynddo lawer o ffeithiau, ac awgrymiadau, wedi eu codi o farddoniaeth Dafydd, yn enwedig, ac o drafodaethau amdano ef a'i gyfnod. Ond pe bawn i'n sôn am Ddafydd o safbwynt mwy cywir a chyfrifol, byddai'n rhaid imi fod wedi amodi myrdd o osodiadau gyda 'hwyrach', neu 'efallai', neu 'o bosib'; a fuaswn i ddim wedi clymu gwahanol leoliadau Dafydd a'i symudiadau gyda'r fath argraff o sicrwydd a hyder. Yr hyn y ceisiwyd ei wneud oedd creu argraff o Ddafydd ac o'i gyfnod, ond heb gaethiwo'r argraff honno i lythrenolrwydd gor-fanwl – y mae yma ddefnydd o ambell air nad oedd yn bod yn amser Dafydd, er enghraifft, ac fe roir yr argraff fy mod i'n gwybod beth oedd Dafydd yn ei feddwl a'i ddweud, yn union fel pe bawn i mewn cysylltiad seicig ag o. Hynny yw, yr hyn a geir yma yw hyfdra 'bucheddol' y byddai cofnodwyr bywydau amryw o'n seintiau yn ei gydnabod fel nodwedd gwbwl briodol, a hyfdra na fyddent hwy – yn wahanol i mi – yn breuddwydio ceisio ei esbonio nac ymddiheuro yn ei gylch.

Gwyn Thomas

Calan Mai yn Llanbadarn

Roedd hi'n Galan Mai yn Llanbadarn, bron i saith gan mlynedd yn ôl. Fel roedd hi'n digwydd, roedd yna haul clir yn tywynnu, roedd y coed yn gwisgo'u dail fel genod ifainc wedi cael ffrogiau newydd, ac roedd yna adar o bob math yn picio i mewn ac allan o lwyni a drysni. Roedd hi'n ddiwrnod dymunol i rywun gael ei eni. Ac, fel roedd hi'n digwydd, fe anwyd babi bach yn Llanbadarn y diwrnod hwn. A bod yn fanwl, fe'i ganwyd o yn: Brogynin, Llanbadarn Fawr, ger Aberystwyth – dim côd post. Bachgen oedd y babi hwn ac fe'i galwyd o yn Dafydd. Pe bai o wedi ei eni heddiw mi fyddai o'n Dafydd Williams, ond doedd y Cymry ddim mor ddiddychymyg â ni yr adeg honno, efo'n rhesi o Williamses a Joneses a Davieses nes bod y rhan fwyaf ohonom ni'n cael ein geni i argyfwng prinder cyfenwau ac yn treulio'r gweddill o'n dyddiau'n ceisio ffeindio pwy ydym ni. Ar un olwg, roedd hi'n haws saith ganrif yn ôl: roedd bachgen yn defnyddio enw ei dad efo 'ap' (mab) o'i flaen – a geneth yn rhoi 'ach' o flaen enw ei thad, druan fach! 'Gwilym' oedd enw tad babi Llanbadarn, a dyna sut y daeth o i gael ei enwi yn Dafydd ap Gwilym. Roedd ganddo fo fam hefyd; Ardudful oedd ei henw hi. Roedd ein babi ni'n lwcus, yn yr achos hwn, na chafodd ei enwi ar ôl ei fam: fyddai Dafydd ap Ardudful ddim yn swnio'n iawn rywsut. (Dydi 'Ardudful', a dweud y gwir, ddim yn enw rhy ffansïol, am wn i, a dyna pam y daru'r enw farw allan, mae'n siŵr.)

Pan welodd Ardudful a Gwilym eu babi bach dyma Gwilym yn dweud, "Synnwn i ddim na fydd hwn yn fardd. Mae e'n edrych fel bardd." (Ddaru o ddim trafferthu i esbonio sut y mae babi i fod i edrych fel bardd, a ddaru neb ofyn am esboniad ychwaith, 'tai hi'n dod i hynny.) Fel y gellwch chi ddychmygu, y mae'r hyn a ddywedodd Gwilym yn dweud rhywbeth wrthym ni sut yr oedd hi yng Nghymru saith gan mlynedd yn ôl – beirdd oedd y pethau'r adeg honno, ac nid peldroedwyr na chwaraewyr rygbi na chantorion pop, ac os oeddech chi'n fardd mi fyddai yna siawns go lew y byddech chi'n gallu ennill tipyn o arian, neu anrhegion o wahanol fathau. Doedd dim llawer iawn o amser wedi mynd heibio er pan roddodd dau o dywysogion Gwynedd ddarnau o Sir Fôn i ddau fardd, tad a mab, sef Meilyr a Gwalchmai, am eu bod nhw wedi canu cerddi iddyn nhw ac wedi gwasanaethu yn eu llysoedd.

"Os bydd e rywbeth yn debyg i 'nheulu i, mae gydag e siawns go dda i fod yn fardd," meddai Ardudful. "Fe gaiff ei ddysgu gan fy mrawd, Llywelyn."

"A beth am fy nheulu i, 'te?" meddai Gwilym. "Beth am Guhelyn Fardd ap

Gwynfardd Dyfed, o'n hen deulu ni yn Sir Benfro?"

"Hen hanes ydi hyn'na," meddai Ardudful. "Beth am rywun mwy diweddar?"

"Wel, dyna... " Yma fe aeth hi'n nos braidd ar Gwilym.

"Beirdd dienw, iefe?" meddai Ardudful.

"Fe a' i allan i brynu telyn iddo fe'r pnawn yma," meddai Gwilym gan geisio newid y pwnc. Roedd ganddo reswm arall hefyd dros ddweud hyn – gan ei bod hi'n Galan Mai fe fyddai yna hwyl a sbort a sbri yn Llanbadarn, fel mewn llefydd eraill yng Nghymru, a phobol yn dawnsio o gwmpas Bedwen Haf, yn canu, yn prynu a gwerthu pob math o bethau fel ag y maen nhw mewn ffeiriau heddiw. Ac fe fyddai yna rai yn meddwi a rhempio, ac fe fyddai pobol ifainc (a rhai hŷn, o ran hynny) yn chwilio am gariadon. Doedd Gwilym ddim am golli'r hwyl, os gallai beidio, ac yr oedd arno hefyd eisio mynd allan i ddweud wrth ei ffrindiau am enedigaeth ei fab, a oedd yn mynd i fod yn fardd.

"Na," meddai Ardudful, "fe fydd hi'n hen ddigon buan iti brynu telyn rywbryd eto. Fe fyddai'n well syniad o'r hanner iti ddysgu rhywbeth am newid clytiau."

"Newid clytiau!" meddai Gwilym, a'i lais yn sydyn yn codi un octef yn uwch nes ei fod o'n soprano. "Byth," meddai, "byth. Fe fydd pobol yn mynd i'r lleuad cyn y bydd dynion yn newid clytiau." Ac yr oedd o'n iawn. Ond yr oedd Gwilym yn ddigon diogel, beth bynnag, gan ei fod yn ddigon cyfoethog i gael morwynion i wneud rhyw orchwylion fel yna.

Mi fu'n braf ar hyd y dydd y cafodd Dafydd ap Gwilym ei eni, ac ar ôl i'r haul fachlud mi ymddangosodd yna filiynau o sêr fel llygadau bach gloywon ar hyd yr awyr, a rhai ohonyn nhw'n wincio'n las disglair bob hyn a hyn. Saith gan mlynedd yn ôl, fe gawson nhw rai hafau braf iawn, yn union fel y Calan Mai hwn. Does fawr ryfedd fod

9

yr hen Gymry, yn amser Dafydd ap
Gwilym, yn meddwl mai'r dydd cyntaf
o Fai oedd dydd cyntaf
yr haf, a'u bod nhw'n cyfarch y dydd
hwnnw efo "HW-RÊ" fawr, lawen.
Mi dyfodd Dafydd i fyny i fod yn hoff
iawn, iawn o'r haf. Ac o holl fisoedd
y flwyddyn, mis Mai oedd ei hoff fis.

Telyn a cheffyl

Roedd Dafydd erbyn hyn yn dair a hanner.

"Yr ydw i, o ddifri, yn mynd allan heddiw i brynu telyn i Dafydd," meddai Gwilym – roedd y peth wedi mynd dros gof braidd ganddo ers diwrnod geni ei fab.

"Iawn," meddai Ardudful, "ac, yn y man, fe gei di fynd i brynu ceffyl iddo fe."

Rŵan, pe baech chi'n rhoi telyn i'r rhan fwyaf o feirdd heddiw fe fydden nhw'n edrych braidd yn hurt ac yn meddwl, fel pe bai'r peth yn ddirgelwch mawr, be ydi'r cysylltiad rhwng telyn a barddoni. Ac fe fyddai ganddyn nhw lai fyth o syniad beth fyddai gan geffyl i'w wneud â barddoni. Pobol papur a phensel, neu feiro neu, bellach, gyfrifiaduron ydi beirdd heddiw. Mae arnyn nhw eisio gweld be maen nhw'n ei ddweud. Ond nid felly roedd hi yn amser Dafydd. Yr adeg honno roedd beirdd yn cyfansoddi yn eu pennau, yn cofio'r geiriau, ac yna'n eu canu neu eu llafarganu nhw, yn amlach na pheidio gan gyfeilio iddyn nhw'u hunain efo telyn. Os bydden nhw'n ddigon da fe fyddai pobol fawr yr oes, yr uchelwyr, yn talu iddyn nhw. Ac os byddai bardd yr adeg honno eisio'i gwneud hi'n o lew fe fyddai'n rhaid iddo fo deithio o blas un uchelwr i blas arall, neu daro i mewn i fynachlogydd i ganu ei gerddi. Dyna lle'r oedd ceffyl yn handi – i gario'r bardd o'r naill le i'r llall. Ar ôl peth amser fe ddechreuodd rhai pobol oedd yn medru ysgrifennu (mynaich yn bennaf) droi geiriau llafar a chaneuon y beirdd yn sgribliadau ar bapur neu ar groen, a dyna sut y parhaodd llawer o gerddi'r hen feirdd yma i'n cyfnod ni.

Dyma Gwilym yn mynd â Dafydd efo fo ar ei geffyl i weithdy dyn o'r enw Arthur Saer. Pe baech chi'n ei weld o, hyd yn oed filltiroedd o'i weithdy, mi fuasai hi'n ddigon hawdd ichi ddyfalu mai saer oedd yr Arthur hwn achos roedd ei wallt o'n llawn o lwch lli ac roedd yna, fel arfer, sglodion pren yn cyrlio am ei glustiau neu'n hongian wrth ei fwstash o.

Hail

"Henffych," meddai Arthur Saer wrth Gwilym

"Henffych," meddai Gwilym wrth Arthur Saer.

Os ydych chi am ddysgu gair da ar gyfer saith gan mlynedd yn ôl, 'henffych' ydi hwnnw. Pe baech chi'n dweud 'Helô' neu 'Haia' yr adeg honno mi fuasen nhw'n meddwl mai Sais oeddech chi.

"A sut y mae Dafydd heddiw?" gofynnodd Arthur Saer.

"Henffych," meddai Dafydd, "a hawddamor." greetings

Os ydych chi am ddysgu gair hyd yn oed yn well na 'henffych' ar gyfer saith gan mlynedd yn ôl, yna 'hawddamor' ydi'r gair hwnnw. Roedd hwn yn air crandiach na 'henffych' ac roedd o'n air barddonol – rhywbeth yn yr un cae ag 'anwylyd' heddiw. Wel sut, meddech chi, yr oedd plentyn tair a hanner oed yn gwybod gair fel hwn? Roedd o'n ei wybod o am ei fod o'n blentyn siarp fel rasal, yn gallu cofio geiriau fesul degau. Yn wir, tra oedd rhai o'i gyfeillion yr un oed ag o yn cael trafferth i ddweud, "Wi sie cyci bei," roedd Dafydd yn gallu dweud llond ceg o, "Rwy wedi blino'n lân, rwy i am fynd i noswylio nawr" – os byddai o eisio. Roedd hyn wrth fodd Gwilym, y tad, ac yr oedd o, ac Ardudful o ran hynny, yn gwneud ati i ddweud cant a mil o eiriau yng nghlyw eu mab. Ac fe fyddai hwnnw'n eu codi nhw fel slecs ac yn eu cofio nhw, a'u dweud nhw – os byddai o'n teimlo felly. Dywedwch ei bod hi'n chwythu ac yn bwrw glaw, fyddai o'n ddim byd i Ddafydd ddweud, yn dair a hanner, "Oni welwch chwi hynt y gwynt a'r glaw."

Neu dywedwch ei bod hi'n chwipio rhewi yn y gaeaf, hawsaf peth fyddai i Ddafydd ddweud, "Llym awel, llwm bryn, anodd caffael clyd," nes synnu pawb a'i clywai.

"Hawddamor," meddai Arthur Saer. Yna, gan droi at Gwilym dywedodd, "Mae'r bachgen yma'n dipyn o saer geiriau 'taet ti'n gofyn i mi."

"Ydi g'lei," meddai Gwilym. "Ac am ei fod e mor dda, 'se'n dda gen i 'taet ti'n gwneud telyn iddo fe. Mae e'n mynd i fod yn fardd."

"Ydi g'le innau," meddai Arthur Saer, gan ddal i synnu.

Rŵan, os ydych chi'n meddwl am delyn fel y rheini sy'n cael eu defnyddio mewn eisteddfodau heddiw, y mae gofyn ichi newid eich meddwl – yn un peth doedd yna ddim Volvos o gwmpas i'w cario nhw saith gan mlynedd yn ôl, a go brin y gallech chi haldio telyn lawn maint ar gefn ceffyl. Gofyn am delyn fechan, un y gallech chi ei chario hi o gwmpas yn hwylus yr oedd Gwilym, ac yr oedd o am gael tannau iddi wedi eu gwneud o flew cynffon ceffyl, fel na fyddai'n rhy swnllyd. Felly, os byddai o am gael pum munud pan fyddai Dafydd yn ymarfer ar ei delyn, fyddai'r sŵn ddim yn debyg o'i styrbio.

"Sŵn ysgafn fel sŵn gwenyn

A ddaw o dannau 'nhelyn," meddai Dafydd.

"Brensiach annwyl, glywaist ti hyn'na!" meddai Arthur Saer wrth Gwilym. "Mae e'n odli."

"Odl braidd yn syml oedd hon'na," meddai Gwilym. "Fe all wneud yn llawer gwell pan fydd e'n teimlo fel'ny."

"Wrth ichi wneud telyn

Rwy'n mawr hyderu na ddaw unrhyw elyn

I darfu ar eich gwaith," meddai Dafydd yn ddidaro.

"Cato pawb!" ebychodd Arthur Saer, a rhoi tamaid o'r bara-mêl yr oedd ei wraig wedi ei roi iddo ar gyfer ei ginio i Ddafydd.

"Gwêl y mêl ar fy mara," meddai Dafydd.

"Wel fe roddwn i ddeg marc allan o ddeg am linell fel yna," meddai Arthur Saer. "Petai yna goleg yn Aberystwyth fe fyddai hwn yno ar ei ben, wir i ti Gwilym Gam."

Camgymeriad mawr oedd i Arthur Saer alw tad Dafydd yn Gwilym Gam – er mai dyna oedd pawb yn ei alw fo yn ei gefn. Roedd Gwilym yn rhyw gerdded yn ei blyg braidd, a dyna pam y cafodd o ei lasenw.

"Be ddwedaist ti, Arthur Pen Pren?" gofynnodd Gwilym.

Os oedd yn gas gan Gwilym gael ei alw'n Gwilym Gam, yr oedd lawn cyn gased gan Arthur gael ei alw'n Arthur Pen Pren. Roedd hi'n dechrau mynd yn flêr rhwng y ddau pan ddywedodd Dafydd yn sydyn,

"Na fyddwch yn elynion,
Ond byddwch yn gyfeillion."

Wrth glywed hyn mi agorodd Arthur Saer ei ddyrnau a gostwng ei freichiau.

"Nid yn unig y mae hwn yn gallu odli, ond y mae e'n fachgen doeth iawn," meddai Arthur Saer, ac yna fe ychwanegodd, "fel ei dad."

Fe blesiodd hyn Gwilym yn fawr, ac mi ollyngodd y darn pren yr oedd wedi ei godi gan fwriadu gweld pa mor galed oedd pen pren Arthur Saer.

"Y delyn yma," meddai Gwilym, "fedri di ei chwpla hi erbyn y Dolig? Fe ro i ddwy forc iti amdani."

"Iawn," meddai Arthur Saer, fel bollten, rhag ofn i Gwilym newid ei feddwl.

Erbyn heddiw chaech chi ddim bocs matjis am ddwy forc, ond saith gan mlynedd

14

yn ôl roedd hynny'n lot o bres. A dyna ichi sut y cafodd Dafydd ei delyn gyntaf.

Rhyw wythnos yn ddiweddarach aeth Gwilym, a Dafydd i'w ganlyn, draw at Bleddyn Stablau. Eisio i Bleddyn gadw golwg am geffyl priodol i Ddafydd ddysgu marchogaeth arno yr oedd Gwilym. Fe ddaethon nhw o hyd i Bleddyn yn cysgu ar bentwr o wellt yn un o'i stablau.

"Bleddyn, Bleddyn," meddai Gwilym.

Deffrôdd Bleddyn yn swnllyd, a cheisio esbonio pam yr oedd o ar ei gefn yn rhochian yn y pentwr gwellt.

"Gwilym Ga... ac... a... Dafydd!" meddai. "Henffych. A sut ydych chi'ch dau y bore 'ma? Y to'n gollwng, wyddoch, a finnau'n penderfynu chwilio ymhle y mae e'n gollwng, ac y mae hi'n dipyn haws edrych i fyny ar do pan ydych chi ar eich cefn ar y llawr, wyddoch, na phan ydych chi ar eich sefyll."

Erbyn hyn roedd Bleddyn wedi codi. Roedd ganddo wallt fel tas o wellt; yn wir, gwellt oedd hanner y pentwr ar ei ben. Roedd hadau ac ambell flodyn crin yn ei farf, ac yng nghongol ei geg roedd ganddo welltyn go hir. Wedi cael ei wynt ato dechreuodd ei gnoi yn fyfyrgar.

"Henffych," meddai Gwilym.

"Henffych a hawddamor," meddai Dafydd.

Ddaru Bleddyn ddim deall yr 'Hawddamor'; doedd o ddim yn air yr oedd o'n gyfarwydd ag o. Yn wir, mi feddyliodd mai 'clawdd a môr' yr oedd Dafydd wedi'i ddweud.

"Clawdd a môr i tithau, llanc," meddai, a chan droi at Gwilym, ychwanegodd, "mae gan y bachgen yma lond ei ben o eiriau, Gwilym." Yna, fe drodd at Dafydd eto, "Edrycha," meddai, "clawdd a chae."

Er ei fod yn glyfar iawn, ni allai Dafydd ddilyn y sgwrs hon a phenderfynodd ddweud rhywbeth am y tywydd, "Diwrnod teg heddi," meddai.

"Ydi, g'lei," meddai Bleddyn, "ac y mae e'r math o dywydd sydd wrth fodd calon ceffyle."

"A sôn am geffyle, Bleddyn," meddai Gwilym, "rwy'n meddwl ei bod hi'n hen bryd i'r crwt hyn ddysgu marchogaeth."

"Peth da i unrhyw un ydi marchogaeth," meddai Bleddyn. "Mae marchogaeth yn rhoi dipyn o gyflymder i ddyn, a thipyn o urddas hefyd."

"Mae hwn yn mynd i fod yn fardd," meddai Gwilym, "felly fe fydd arno fe eisie ceffyl."

"Bardd!" meddai Bleddyn, "Taw dweud! Ydi e'n mynd i fod yn brentis 'da rhywun?"

"Fe gaiff fynd at ei ewyrth Llywelyn yn Emlyn yn y man," meddai Gwilym.

"Teulu'r wraig?" gofynnodd Bleddyn.

"Ie," atebodd Gwilym. "Fe alle fe'n hawdd fod yn mynd at sawl un o 'nheulu i, ond fe wnaiff les iddo fe fod yn hen ardal ein teulu ni tua Dyfed yna. Fe gaiff e flas ar fywyd llys yno hefyd. Wrth gwrs, fe fydda i'n ei roi e ar ben y ffordd 'da'i farddoni am dipyn go lew eto."

"Ti!" meddai Bleddyn. Yna, gan gofio fod cwsmer yn sefyll o'i flaen, ychwanegodd, "Siŵr iawn, siŵr iawn, fe gaiff e ddechrau da ar ei daith fel bardd 'da'i dad."

"Beth am ebol?" gofynnodd Gwilym.

"Sai'n credu fod cael ebol i'r crwt yn syniad rhy dda, Gwilym," meddai Bleddyn. "Rhy fywiog t'weld – peryg i'r crwt gael ei dowlu. Na, ceffyl mewn tipyn o oedran, ceffyl bychan mewn tipyn bach o oedran fyddai orau i'r crwt."

"Un

Yn hau o'i bedolau dân," meddai Dafydd.

"Yn hau o'i bedolau dân!" meddai Bleddyn. "Go dda nawr. Fe wnele hwn ddyn ceffyle tan gamp, os na fydd e am fod yn fardd."

"Ceffyl pwyllog fyddai orau felly?" holodd Gwilym.

"Pwyllog a thawel a hawdd ei drin," meddai Bleddyn. "Mae 'da fi'r union geffyl iddo fe yma – Eseciel."

"Eseciel?" gofynnodd Gwilym.

"Eseciel," meddai Bleddyn yn bendant. "Ceffyl da, ceffyl doeth, ceffyl tawel; yr union geffyl i grwt ddysgu marchogaeth. A dydi e ddim yn faintiolus ychwaith."

"Maintiolus?" holodd Dafydd. "Beth yw 'maintiolus'?"

"Mawr. Dyw'r ceffyl ddim yn rhy fawr iti," esboniodd ei dad.

"Ddim yn rhy ifanc a gwisgi, ddim yn rhy fawr i fachgen, a cheffyl rhyfeddol ei achau," meddai Bleddyn. "Yr union beth i ddysgu marchogaeth."

"Ble mae e?" gofynnodd Dafydd.

"Yn y maes," meddai Bleddyn. "Dowch draw yfory ac fe fydda i wedi ei ddwyn e i'r buarth yma." Wrtho'i hun meddai Bleddyn, "Os ca i gyfle i frwsio'r cobyn a rhoi sglein ar ei flewyn efallai y ca i forcyn neu ddau yn fwy amdano fe."

"Na," meddai Gwilym. "Fe awn ni i'w weld e nawr."

"Nawr!" meddai Bleddyn, "Ond... ond fe fydd yn rhaid inni fynd i fyny'r llethrau i gael gafael arno fe."

"Iawn," meddai Gwilym, "ffwrdd â ni 'te."

"Ie... wel... o'r gorau 'te," meddai Bleddyn yn groes i'r graen, gan weld pris Eseciel

yn gostwng gyda phob cam o'r daith i'w weld.

Mewn gwirionedd, roedd Eseciel yn y cae dan y stablau.

"Rhaid ei fod e wedi crwydro i lawr yn y nos," meddai Bleddyn.

"Hwn yw e!" meddai Dafydd.

"Hwn yw e," meddai Bleddyn. "Dyma Eseciel."

"Dyw hwn fawr o gobyn," meddai Gwilym.

"Fawr o gobyn, gyfaill!" ebychodd Bleddyn. "Edrycha, mewn difri, mor gry ydi e, mor gadarn ei safiad, mor dawel ei natur."

"Pa liw yw e, Dad?" holodd Dafydd.

Roedd hwn yn gwestiwn da, os annisgwyl. Roedd Eseciel yn gaglau o laid drosto, fel pe bai wedi bod yn rowlio mewn bàth o fwd. At hyn fe allech daeru fod yna dafliad bach yn ei lygaid, fel pe bai ganddo fymryn o lygaid croes.

"Gwinau, gwinau yw ei liw," meddai Bleddyn, "gwinau fel cnau castan, ac fe fydd e'n sgleinio fel, fel…" Ni allai Bleddyn feddwl am ddim byd i orffen y gymhariaeth.

"Lliw gwydr fydd ei flew llygoden," meddai Dafydd.

"I'r dim, dyna'n union yr oeddwn i am ei ddweud," meddai Bleddyn. "Bachgen da 'di hwn," ychwanegodd gan droi at Gwilym. "Unwaith y bydda i wedi mynd ag Eseciel i'r afon a'i frwsio fe'n iawn fe fydd e'n sgleinio fel gwydr."

Aeth Gwilym at Eseciel, a chan edrych ym myw un o'i lygaid gwaeddodd 'BW!' yn ddigon uchel i roi braw i Bleddyn. Ar yr un pryd chwifiodd ei freichiau o gwmpas yn wyllt. Ddaru Eseciel ddim troi blewyn. Yn wir, edrychodd ar Gwilym gyda rhywbeth fel syndod tosturiol yn ei lygaid.

"Ydi e'n clywed?" gofynnodd Gwilym.

"Fel ystlum," atebodd Bleddyn.

"Ydi e'n gallu symud?" gofynnodd Dafydd.

"Wrth gwrs ei fod e," atebodd Bleddyn. "Yn ei ddydd fe oedd cel cyflymaf Ceredigion, ond fel y dwedais i, mae e'n awr wedi sadio, callio – dyna pam y mae e'n geffyl delfrydol i fachgen bach ddysgu marchogaeth. Gwyliwch nawr." Yna dechreuodd Bleddyn glicio'i dafod a dweud, "Ffordd hyn." Ond ni symudodd Eseciel fodfedd. Rhoddodd Bleddyn gynnig arall arni. Cliciodd ei dafod a dweud, "Bwyd." Yn y fan bywiogodd Eseciel drwyddo a dechreuodd ddilyn Bleddyn, bron iawn gyda mymryn o sioncrwydd. Rhedai Dafydd o'i gwmpas gan weiddi, ond ni chymerai Eseciel sylw o hynny o gwbwl. Yna, cyn cyrraedd y stablau, fe faglodd Dafydd yn union o flaen Eseciel. Gallai fod wedi cael ei frifo. Ond unwaith y gwelodd Eseciel Dafydd ar y llawr o'i flaen dyma fo'n stopio'n stond, yn plygu ei ben ac yn llyfu gwallt Dafydd. Y weithred drugarog honno a berswadiodd Gwilym, a Dafydd, mai Eseciel fyddai'r ceffyl ar gyfer dysgu marchogaeth.

Ar ôl i Dafydd a'i dad fynd adref rhwbiodd Bleddyn ei ddwylo a dweud wrtho'i hun, ac wrth Eseciel, "Dyna rydw i'n ei alw yn ddiwrnod da o waith." Ar ôl dweud hyn fe setlodd ei hun yn y gwellt, o'r hwn y cyfododd, a chyn bo hir roedd yn rhochian cysgu eto.

Byw yn y wlad

Ymhen ychydig ddyddiau fe gyrhaeddodd Eseciel Brogynin. Roedd wedi ei weddnewid. Yn lle ceffyl lleidiog, caglog, dyna lle'r oedd cob gwinau, glân – bron na fyddai rhywun yn dweud gloyw. Roedd Dafydd wrth ei fodd, ac fel pob plentyn sydd wedi cael rhywbeth newydd roedd yn awchu am roi tro arno.

"Bydd di'n ofalus," meddai Ardudful wrth

Dafydd. "Dim rhedeg a rhusio'n wirion, deall?"

Nid oedd Ardudful yn ddynes ceffylau, achos roedd yn hollol amlwg i'r genedl nad oedd Eseciel yn mynd i redeg a rhusio i neb.

"Aros di," meddai Gwilym. "Fe fydd yn rhaid cael ffrwyn a chyfrwy cyn iti fynd ar gefn dy geffyl." Yna, gan droi at un o'r gweision, meddai, "Dos i'r tai allan i weld a oes 'na rywbeth wnaiff y tro yn fan'no."

Aeth hwnnw. Tra oedd o'n chwilio, dyma Dafydd yn rhoi dyrnaid o geirch i Eseciel. Bron na allech chi ddweud fod Eseciel yn datgan syndod â'r llygaid hynny a mymryn o dafliad ynddyn nhw. Yn yr holl amser y bu gyda Bleddyn roddodd hwnnw ddim byd o gwbwl iddo, dim hedyn na chneuen, heb sôn am ddim byd mwy na hynny. Am fod Dafydd wedi rhoi ceirch iddo fe gymerodd Eseciel at ei feistr bach newydd yn syth, a dyna sut y dechreuodd y cyfeillgarwch annwyl a fu rhyngddynt, cyfeillgarwch a barhaodd tra bu Eseciel fyw.

Ymhen hanner awr daeth y gwas yn ôl efo hen gyfrwy a rhaff. Braidd yn fawr i Eseciel oedd y cyfrwy, a dweud y gwir, ond trwy stryffaglio a chwythu, a dweud pethau mawr dan ei wynt llwyddodd y gwas o'r diwedd i osod y cyfrwy'n dynn ar gefn Eseciel. Yna fe roddodd y rhaff yn ei geg a'i rhwymo am ei wyneb gan adael ei dau ben yn awenau i Dafydd. Cododd Gwilym Dafydd ar gefn Eseciel. Eisteddodd yntau fel brenin yn y cyfrwy. Ac yno y bu, yn ddisymud, am allan o hydion.

"Tyrd, sym' hi," meddai Gwilym.

"Tyrd yn dy flaen y llembo," meddai'r gwas.

"Mawredd gyminedd!" meddai Dafydd, "symuda, 'ngwas i."

Ond doedd dim yn tycio. Yna fflachiodd cof trwy ben Dafydd, ac meddai, "Bwyd!"

Yn syth bin symudodd Eseciel yn ei flaen yn ufudd, allan o'r buarth i'r cae wrth law, a Gwilym yn cerdded wrth ei ochor gan gadw llygad barcud ar Dafydd a dweud pethau fel, "Dal di'n dynn", "Pwyll nawr", a "Paid di â mynd yn rhy wyllt". Mewn gwirionedd, fuasai dim rhaid iddo roi'r cyngor olaf yma, achos doedd Eseciel ddim yn bwriadu cyflymu ei gamau er mwyn neb. Symudai yn bwyllog ac yn gyson ei gam. Roedd Dafydd wrth ei fodd. Bob dydd pan oedd hi'n ffit o dywydd, fe fyddai'n marchogaeth Eseciel o gwmpas y cae wrth y tŷ, nes ei fod yn hollol gartrefol ar gefn ceffyl.

Fel y tyfai'r ddau yn hŷn fe âi Dafydd ac Eseciel ymhellach a phellach, er heb gyflymu dim. Byddai Dafydd yn mynd i eglwys Llanbadarn ar gefn Eseciel bron bob dydd Sul, a byddai'n mynd mor bell ag Aberystwyth weithiau – er bod ei fam yn ei rybuddio rhag yr hen fechgyn drwg hynny oedd yn fan'no. Ond teithiau i'r wlad o gwmpas oedd hoff deithiau Dafydd ac Eseciel. Ar lawer dydd braf o wanwyn a haf byddent yn crwydro o gwmpas Eleirch, Celli Fleddyn, Gamallt a Chastell Gwgon. Byddai Eseciel yn pori'n hamddenol braf tra byddai Dafydd yn dringo coed, neu'n ymdrochi yn rhai o'r afonydd. Yn weddol aml byddai rhai o ffrindiau Dafydd yn dod efo nhw, ac fe fyddai Eseciel eto'n pori'n hamddenol braf fel y byddai'r bechgyn yn chwarae bwa saeth, yn chwarae cuddiad, yn gwneud chwisl efo darn o bren neu, yn y gwanwyn, yn chwilio am nythod adar ac, yn yr hydref, yn hel mwyar duon neu gnau.

Pan oedd Dafydd yn ddeg oed roedd o'n sylwi fod Eseciel yn rhyw arafu – hyd yn oed yn ôl ei safonau araf deg ei hun. Doedd o ychwaith ddim yn gallu dringo rhiwiau a gelltydd mor gadarn ag o'r blaen. Yna, ddechrau'r gaeaf, pan oedd hi'n Dachwedd oer a gwlyb a thywyll, aeth Dafydd i'r stabal i borthi ei hen gyfaill. Pan gyrhaeddodd o, roedd Eseciel yn gorwedd yn y gwellt ac yn anadlu'n llafurus, gan ochneidio bob hyn a hyn.

Rhedodd Dafydd i nôl ei dad. Daeth hwnnw gyda'i fab i'r stabal heb oedi. Plygodd dros yr hen geffyl a mwytho'i ben. Roedd Dafydd yn ei gwrcwd o flaen Eseciel tra oedd hyn yn digwydd. Edrychai Eseciel arno drwy'r adeg.

"Yr hen greadur," meddai Gwilym, gan godi i'w sefyll.

"Be sy, Dad?" gofynnodd Dafydd. Er ei fod yn gwybod beth oedd yn bod, doedd o ddim eisiau dweud y geiriau.

"Gwael ydi e 'sti," meddai Gwilym. "Hen ydi e 'sti."

Rhag ei waethaf clywodd Dafydd ei hun yn dweud, "Ydi e'n mynd i farw?"

"Mae'n beryg ei fod e," meddai Gwilym, "mae'n beryg ei fod e, druan bach."

"Mae pawb yn marw yn y diwedd on'd ydi," meddai Dafydd.

"Felly mae hi, 'sti; felly mae hi," meddai Gwilym.

Arhosodd y ddau yn y stabal efo Eseciel am awr, dwy awr, tair awr. Ac yna, dyma Eseciel yn ysgwyd ei ben, yn edrych ar Dafydd am tua deng eiliad, yn rhoi ochenaid fawr, ac yna'n ymollwng ac yn darfod. Rhoddodd Dafydd ei law ar ei ben llonydd, ac roedd ei ddagrau'n disgyn ar gefn ei law.

"'Na ti," meddai ei dad. "'Na ti. Tyrd, mi awn ni i'r tŷ."

"Na," meddai Dafydd. "Ewch chi. Fe arhosa i yn fan'ma am dipyn bach eto."

"O'r gorau 'ngwas i," meddai Gwilym. "Arhosa am dipyn bach, ac wedyn tyrd i'r tŷ."

"Iawn," meddai Dafydd.

Fe fu yno am dair awr arall, yn crio ac yn cofio uwchben corff llonydd ac oer Eseciel.

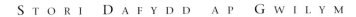

Ystrad Fflur a'i phlas

Pan oedd Dafydd yn ddeuddeg oed fe feddyliodd ei dad
y byddai'n syniad da iddo fynd i fynachlog am ryw hyd.
Doedd ei fam ddim mor siŵr.

"Fe wnaiff e ddysgu llawer mewn
lle felly," meddai Gwilym.

"Ond fe fydd yn rhaid iddo
fe fynd oddi cartre i
wneud hynny," meddai
Ardudful.

"Bydd," meddai Gwilym,
"ond fe roddith hynny dipyn
o asgwrn cefn iddo – dibynnu
arno'i hun a phethau felly."

"Ond mae Dafydd yn hen ddigon abal i ddibynnu arno'i hun," meddai Ardudful. "'Dydi e wedi bod yn crwydro'r lle yma o fore gwyn tan nos bob haf."

"Ac y mae e hyd y tŷ yma'n swatio bob gaeaf," meddai Gwilym. "Mae eisie iddo fe ddysgu diodde tywydd mawr a mynd allan yn yr oerni; caledu dipyn."

"Ond beth petai e'n penderfynu mynd yn fynach o ddifri, rhoi ei fryd ar fod yn esgob neu rywbeth felly?" meddai Ardudful.

"Fe wyddost cystal â minnau nad oes yna beryg i hynny ddigwydd, mae'n rhaid iti gyfadde," meddai Gwilym. "Ond wnele dipyn bach o addysg eglwys ddim drwg iddo fe. Fe alle hynny fod o gymorth i fardd."

"Wel, dydi e ddim yn mynd i aros yn hir iawn yn yr un fynachlog," meddai Ardudful. "Fe fydd e'n mynd at fy mrawd i Emlyn cyn bo hir."

"Cytuno, cariad," meddai Gwilym, "cytuno – ar ôl iddo fe fod yn Ystrad Fflur."

Doedd, a dydi Ystrad Fflur ddim yn bell iawn o Lanbadarn – wel, ddim os ydi rhywun yn teithio mewn car: ar gefn ceffyl y mae'n fater gwahanol. Roedd Dafydd yn lwcus ei bod hi'n ddiwrnod braf o Fehefin pan gychwynnodd o yng nghwmni Rhys, prif was Brogynin, am Ystrad Fflur. Roedd y naill a'r llall ar gefn ceffyl, ac yr oedd trydydd ceffyl yn eu canlyn yn cario bagiau Dafydd, lle'r oedd dillad a bwyd a diod. Fe gymerodd y daith ddiwrnod cyfan, ac arhosodd Rhys y noson honno yn llety'r gweision yn Ystrad Fflur, cyn mynd adre'n ôl i Lanbadarn y diwrnod wedyn.

Wedi iddyn nhw gyrraedd yr abaty yn Nyffryn Teifi fe aeth porthor i chwilio am un o'r mynaich, un o'r Brodyr, a oedd erbyn yr amser hwnnw, sef tua saith o'r gloch yr hwyr, ar eu swper. Y Brawd Madog a ddaeth at Dafydd. Roedd wedi ei wisgo yn abid gwyn y Sistersiaid, ond doedd y cwfl ddim ar ei ben. Roedd y Brawd Madog yn rhyw wyth ar hugain oed, a chanddo gorun moel, corun oedd wedi ei eillio. Edrychodd ar y bachgen deuddeg oed o'i flaen. Gwelodd fachgen eithaf tal o'i oed, main, a chanddo jòch o wallt tywyll.

"Roeddem ni'n dy ddisgwyl di cyn hyn, Dafydd ap Gwilym." meddai Madog. Cyn i Dafydd allu dweud gair ychwanegodd, "Gad dy baciau yma, fe gaiff y porthor fynd â nhw i'r dortur. Tyrd ti 'da fi neu chei di ddim swper. Fydd yna ddim cyfle imi esbonio'r drefn iti heno."

Dilynodd Dafydd y brawd i'r ffreutur. Neuadd oedd hon efo gorchudd o frwyn ar y llawr. Roedd tri bwrdd yno, un yn y pen draw lle'r oedd dau yn eistedd, un bwrdd eithaf hir lle'r oedd nifer o fynaich, ac un bwrdd llai lle'r oedd pedwar o fechgyn ifainc. Roedd pawb wrthi'n bwyta'n ddistaw, ar wahân i un brawd a oedd ar un ochor i'r neuadd. Roedd o'n darllen o'r Ysgrythur, yn Lladin. Arweiniodd Madog Dafydd at y bwrdd lle'r oedd y bechgyn ifainc. Roedd yn amlwg fod Madog wedi gadael y bwrdd hwn i ddod i nôl Dafydd. Eisteddodd Madog a dangosodd i Dafydd lle y dylai eistedd. Daeth rhywun yno a gosod plât bren, ac arni gwlffyn o fara, darn o gig eidion ac wy, o flaen Dafydd. Fe roddodd hefyd gobled bren a thywalltodd Madog ei llond hi o ddŵr o jwg oedd ar y bwrdd. Roedd y bechgyn ar yr un bwrdd â Dafydd i gyd yn edrych arno. Dyma fwrdd y bechgyn ifainc oedd am fod yn fynaich, sef y nofisiaid.

Pan oedd hi'n dechrau tywyllu dyma'r mynaich yn cynnal gwasanaeth Complin ac yna'n ei hel hi am eu gwelyau yn y dortur. Cafodd Dafydd wely pren, caled, yn y rhan o'r ystafell lle'r oedd y nofisiaid.

"Yn fan'cw y mae'r *reredorter*," sibrydodd y Brawd Madog.

Er bod Dafydd yn gwybod cant a mil o eiriau doedd o erioed wedi clywed hwn o'r blaen.

"*Reredorter?*" meddai.

"Tŷ bach," meddai'r Brawd Madog.

"Enw mawr iawn am dŷ bach," meddai Dafydd. Ond fe aeth yno i gael gweld y lle. Roedd yno le i hanner dwsin eistedd yn gyfforddus, os cyfforddus hefyd, ac yr oedd rhywun meddylgar wedi hongian rhosmari ffres ar y wal. Pan ddaeth yn ei ôl sibrydodd un o'r bechgyn wrth Dafydd, "'Y senedd' rydym ni'n galw'r lle. Lle iawn am sgwrs – os na fydd hi'n rhy oer."

Cafodd Dafydd dipyn o drafferth cysgu. Yn un peth, roedd ganddo hiraeth am Frogynin ac am ei fam a'i dad. Wedyn roedd y gwely'n galed, a rhwng sŵn chwyrnu'r brodyr a chrio ambell dylluan dychmygai ei fod yn clywed drychiolaethau'n siffrwd ar hyd y lle. Ond, yn y diwedd, fe syrthiodd i gysgu.

Bang, bong, bang bong bing. Cyn iddo fod yn ei wely am bum munud, fel y tybiai, roedd rhyw dwpsyn yn canu cloch.

"Deffra, deffra," meddai'r Brawd Madog yn ei glust. "Amser codi."

Dyma wasanaeth crefyddol cynta'r dydd, y Plygain. Roedd hi'n rhyw ben wedi hanner nos. Rhwng cwsg ac effro edrychai Dafydd o'i gwmpas fel yr oedd salmau'n cael eu darllen ac emynau'n cael eu canu. Braidd yn gysglyd yr edrychai amryw o'r brodyr hefyd. Daeth y gwasanaeth i ben. "Yn ôl i 'ngwely nawr," meddyliai Dafydd. Ond na; ar ôl egwyl fer dechreuodd yr ail wasanaeth, y Mawl, lle'r oedd y brodyr yn canu emynau. Ar ôl i hwn orffen aeth pawb yn eu holau i'w gwelyau. Ond dim ond am ychydig oriau. Cloch eto, codi eto, gwasanaeth eto – y Prim, lle'r oedd yna ddarllen salmau eto. Wedyn ymolchi, ac wedyn, tra oedd y brodyr yn astudio, aeth y nofisiaid i gael eu gwersi. Y Brawd Madog oedd eu meistr, a'u dysgu i ddarllen ac ysgrifennu a chanu emynau a wnâi. Gan fod Dafydd yn newyddian esboniodd Madog iddo dipyn am y drefn yn y fynachlog. Y peth nesaf oedd brecwast, ysgafn. Yna gwasanaeth eto, yr Offeren. Yna, tua hanner dydd, fe gafodd y brodyr eu cinio; y cinio hwn oedd prif bryd y dydd. Yn y prynhawn cafodd y nofisiaid fynd allan i'r caeau at y bugeiliaid oedd yn edrych ar ôl defaid y fynachlog. Yna gwasanaeth eto, Gosber, wedyn swper ysgafn, ac yna gwasanaeth arall, Cwmplin. Yna, pawb i'w gwelyau.

Roedd Dafydd wedi llwyr ymlâdd, a'r ail noson hon fe gysgodd fel twrch – nes iddo gael ei ddeffro ganol nos i ailddechrau y rhibidirês o wasanaethau a dysgu, fel y diwrnod cynt. Er, o bryd i'w gilydd, fe esgusodid y nofisiaid rhag gorfod dilyn trefn gaeth y Brodyr, a diolchai Dafydd am hynny.

Fe ddysgodd o ddarllen ac fe ddysgodd sut i ysgrifennu, ac fe ddysgodd dipyn o Ladin, a gwneud hyn i gyd yn ddigon rhwydd. Dysgodd, hefyd, sut i ganu salmau. Ond yr amser y byddai allan yn y caeau ac yn y coedydd o gwmpas y fynachlog oedd ei hoff amserau. Roedd o'n mwynhau dringo coed, a byddai'n dringo'n uchel i ganghennau ywen fawr a dyfai heb fod ymhell o'r fynachlog.

"Dafydd, Dafydd, fe wn i dy fod ti yna." Y Brawd Madog oedd hwn, yn sefyll o dan yr ywen ac yn craffu i fyny i'r cangau i edrych a welai o Dafydd. Ond roedd y cangau'n braff ac yn dywyll ac roedd hi'n anodd iawn gweld i fyny i'r uchderau. Swatiai Dafydd ar groen garw'r goeden gan deimlo'r gwynt yn ysgwyd y cangau'n ysgafn. Yn aml fe arhosai yno i osgoi mynd i un o'r gwasanaethau, ond fe ddôi i lawr at amser swper.

Yna byddai'n cael ceg am fod mor anufudd. Ond fyddai'r Brawd Madog byth yn ei chwipio fel y byddai rhai Meistri Nofisiaid yn gwneud mewn mynachlogydd eraill.

Weithiau byddai'r Brawd Madog yn disgrifio'i daith i Rufain, pan oedd yn ddwy ar hugain oed.

"Roedd y llong yn hwylio yn y bore o Dofer i Galais, taith fer – i fod. Ond ynghanol y môr fe gododd hi'n storm enbyd ac roedd pawb o'r teithwyr yn gorfod swatio mewn howld ond yn cael eu taflu yma ac acw, a phob math o gasgenni a basgedi'n disgyn o'n cwmpas ni. Ac mi ddihangodd yna ieir o'u cawell ac roedd y rheini'n hedfan o'n cwmpas ni, a hyd yn oed yn clwydo ar ben un neu ddau. Ac roedd pawb yn sâl fel cŵn. Fe barhaodd hyn nes ei bod hi'n nos. Ac roedd hi'n waeth yn y tywyllwch, achos roeddem ni, ac un neu ddau o'r criw, yn cael trafferth i geisio golau cannwyll i'w rhoi hi mewn lantern. Yna, yn sydyn hollol, fe dawelodd y gwynt a'r môr, ac roedd hi'n braf, braf pan ddaru ni gyrraedd Ffrainc y diwrnod wedyn.

"Ar ôl taith hir, hir fe ddaru ni gyrraedd Rhufain, ac fe gawsom ni – fi a dau frawd arall o Loegr – aros yn un o adeiladau'r Eglwys Fawr. A dyna chi le crand ydi adeiladau'r Eglwys. Wyddech chi mai yn Rhufain y mae Sant Pedr wedi ei gladdu – fe welais i ei fedd e – mawr, mawr! Fe gafodd ei ladd trwy gael ei groeshoelio ar ei ben i lawr. Ac nid bedd Pedr oedd yr unig beth pwysig welais i: fe welais i'r Pab ei hun yn cael ei gario hyd un o'r strydoedd! Dillad o aur i gyd. Yn bendithio'r tlodion fel roedd e'n mynd. Roedd yna gymaint o bobol o'i gwmpas e fel roedd ei weision e'n cael trafferth i fynd yn eu blaenau. A wyddoch chi be roedden nhw'n ei wneud? Wel, taflu darnau o arian yma ac acw. A thra oedd y dyrfa'n sgrialu ar ôl yr arian roedd y Pab a'i osgordd yn mynd yn eu blaenau. Fe ddigwyddodd hyn sawl gwaith."

Dyma oedd y peth pwysicaf un oedd wedi digwydd i'r Brawd Madog. Ond byddai Dafydd yn gwneud ati i'w gael i sôn amdano'n teithio trwy dde Ffrainc ac yn aros weithiau mewn tafarnau lle byddai beirdd mewn dillad lliwgar yn canu hen ganeuon am gariadon.

"Y bardd yn mynd allan ar fore braf, yr adar yn canu, a'r coed yn glasu, ac yna'n cofio am ei gariad greulon sy'n gwrthod siarad ag e, ac yna byddai yntau'n teimlo'n wan ac yn wael, a bron â marw." Pethau fel hyn y byddai'r Brawd Madog yn eu dweud am feirdd de Ffrainc.

"Lol botes," oedd barn Llywelyn, un o'r nofisiaid, am hyn. "Fel pe bai unrhyw un yn cymryd sylw fel'na o ferched. Sâl o gariad, wir!"

"Yn y gegin mae lle merched," meddai Gruffudd, un arall o'r nofisiaid.

"Beth am leianod?" gofynnodd Dafydd.

"Mae'r rheini'n wahanol, efallai," meddai Gruffudd, "ond nid yn wahanol iawn."

Un dydd daeth y Prior, yr ail i'r Abad ei hun, i gael gair gyda'r nofisiaid. Edrychai'n hen iawn i'r nofisiaid, ond tua hanner cant oed oedd o, mewn gwirionedd. Roedd yn dal a main ac esgyrnog. Syllai ar bawb gyda llygaid glas, llym. Edrychodd ar rai llechi lle'r oedd y nofisiaid wedi bod yn sgrifennu arnyn nhw. Yna gwrandawodd arnyn nhw'n darllen darnau o'r salmau yn Lladin, a bu'n sgwrsio, yn syml, â nhw mewn Lladin. Yna dechreuodd roi cyngor iddyn nhw: i beidio â bod yn falch, i beidio â rhoi eu bryd ar fod yn gyfoethog, ond mynd ati i helpu'r tlawd a'r gwan. Doedd bwyta gormod ddim yn dda ychwaith. Yna cynghorodd y nofisiaid i beidio â chwerthin gormod, ac i beidio byth â chadw reiad. Lle mynach oedd bod o ddifri bob amser, a bod yn barod i ddioddef yn y byd. Yna dechreuodd ddweud pethau mor ddrwg oedd merched, yn enwedig y rhai tlysion.

"Y gwaetha o'r cwbl ydi'r rheini sy'n cerdded gan ddal eu pennau'n uchel, a gwisgo dillad lliwgar a pheintio eu hwynebau i ddenu bechgyn fel chi. Peidiwch â meddwl amdanyn nhw, peidiwch â'u dychmygu nhw'n dod atoch chi yn y nos yn gwisgo dillad tenau, ac wedi lliwio eu hwynebau efo powdrau, ac wedi rhoi sudd ar eu gwefusau i'w gwneud nhw'n goch, goch i'ch temtio chi. Peidiwch â meddwl amdanyn nhw'n gwenu arnoch chi ac yn estyn eu breichiau i afael ynoch chi, ac yn..."

Roedd yr hen frawd yn mynd i hwyl braidd, a bu'n rhaid i Madog dorri ar ei draws a dweud, "Wnân nhw ddim, yn siŵr i chi." Roedd hyn yn dipyn o siom i'r nofisiaid am mai dyma'r pethau mwyaf diddorol yr oedd yr hen frawd wedi eu dweud tra bu efo nhw. Yn wir, roedd o wedi dangos merched mewn goleuni newydd iddyn nhw – hwyrach nad oedd menywod ddim cyn waethed â hynny, wedi'r cwbwl.

"Ceisiwch fod yn fechgyn da, bob amser, a gwrthsefyll holl demtasiynau Satan," oedd geiriau olaf y Prior cyn iddo fynd yn ôl i gorff y fynachlog.

Blwyddyn fu Dafydd yn Ystrad Fflur. Daeth negesydd heibio un diwrnod efo gair i'r Abad oddi wrth ei dad yn dweud y byddai gwas yn galw am Dafydd cyn diwedd yr wythnos. Roedd hi'n amser iddo fynd draw at ei ewyrth i Emlyn. Pan ddaeth dydd ymadael roedd Dafydd yn ddigon balch o gael mynd – gormod o gaethiwed a gormod o wasanaethau – er y byddai'n colli cwmni ei gyd-nofisiaid a'r Brawd Madog. Ond er ei fod o wedi bod mewn lle digon caled, doedd Dafydd yn hoffi gaeafau ddim mwy na phan ddaeth o i Ystrad Fflur.

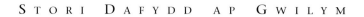

Llysoedd Llywelyn

Cyrhaeddodd Dafydd Y Ddôl Goch, cartref ei ewyrth Llywelyn yn Emlyn, yn Nyfed, hen dir hynafiaid iddo. Roedd gan yr ewyrth hwn ddau lys arall, Y Cryn-gae, hefyd yn Emlyn, a'r Llystyn yn Nyfer. Roedd yn ŵr digon cefnog, yn un o'r Cymry oedd wedi llwyddo i ddal gafael ar bethau trwy holl helyntion Cymru ers i Lywelyn y Llyw Olaf gael ei ladd yn 1282, ac i'r brenin Edward I greu trefn newydd yng Nghymru i geisio cadw rheolaeth ar y Cymry hynny a oedd mor barod i godi yn erbyn Coron Lloegr. Dyma fo'n creu Tywysogaeth oedd dan reolaeth y Goron honno, sef rhan orllewinol Cymru, hyd at Sir Gaerfyrddin. Roedd y Dywysogaeth dan rym cestyll cryfion, a bwrdeistrefi a swyddogion estron, efo pencadlys gweinyddol tair sir y gogledd yng Nghastell Caernarfon, a phencadlys gweinyddol dwy sir y de yng Nghastell Caerfyrddin.

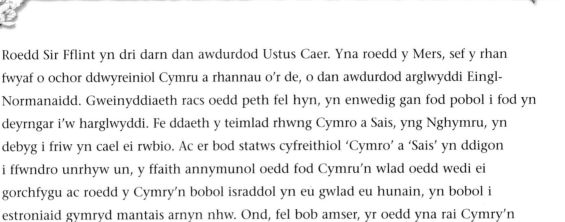

Roedd Sir Fflint yn dri darn dan awdurdod Ustus Caer. Yna roedd y Mers, sef y rhan fwyaf o ochor ddwyreiniol Cymru a rhannau o'r de, o dan awdurdod arglwyddi Eingl-Normanaidd. Gweinyddiaeth racs oedd peth fel hyn, yn enwedig gan fod pobol i fod yn deyrngar i'w harglwyddi. Fe ddaeth y teimlad rhwng Cymro a Sais, yng Nghymru, yn debyg i friw yn cael ei rwbio. Ac er bod statws cyfreithiol 'Cymro' a 'Sais' yn ddigon i ffwndro unrhyw un, y ffaith annymunol oedd fod Cymru'n wlad oedd wedi ei gorchfygu ac roedd y Cymry'n bobol israddol yn eu gwlad eu hunain, yn bobol i estroniaid gymryd mantais arnyn nhw. Ond, fel bob amser, yr oedd yna rai Cymry'n llwyddo i gymryd rhan yn y rheoli. Yr oedd yna, hefyd, gyd-fyw rhwng Cymro a Sais. Roedd rhai Cymry a ddaliodd i barchu a chadw eu traddodiadau Cymraeg, ac eto a dderbyniodd swyddi gweinyddol a llywodraethol gan Saeson a llwyddo i'w gwneud hi'n o lew. Fel yr awgrymwyd, un o'r rhai a wnâi'n o lew oedd ewyrth Dafydd.

Fe groesawodd Llywelyn y bachgen ifanc yn gynnes. Roedd Llywelyn yn ŵr tal, urddasol, ac yr oedd maint ei arddyrnau a gafael gadarn ei law yn awgrymu ei fod yn ddyn cryf. Ym mhrif ystafell y llys, sef y neuadd, y noson honno, cafodd Dafydd fwyd gwell nag yr oedd o wedi'i gael ers tro byd, ac yna, ar ôl bwyd, dyma ryw ddyn yn codi ac yn dechrau dweud stori. Stori am Ddyfed oedd hi, am arglwydd o'r enw Pwyll yn cyfarfod brenin o ryw Fyd Arall, a hynny yng Nglyn Cuch lle'r oedd Emlyn, ac yna'n mynd yno i helpu'r brenin hwnnw. Wedyn yn dod yn ei ôl i Ddyfed ac yn cyfarfod arglwyddes ddieithr, o'r enw Rhiannon ac, ar ôl tipyn o drafferth, yn ei phriodi hi. Ac yn cael mwy fyth o drafferth wedyn, am fod yna rywun neu rywbeth yn dod o'r Byd Arall i ddwyn babi bach Rhiannon. Wedyn fe ddaeth yna grafanc fawr o'r Byd Arall i geisio dwyn ebol. Ond fe dorrodd rhyw ddyn y grafanc a dod o hyd i'r babi bach. Yn y diwedd fe aeth y dyn hwn ag o'n ôl at ei dad a'i fam, ac fe enwodd y fam ei mab yn Pryderi.

Doedd Dafydd heb glywed y stori hon o'r blaen, er bod ei dad, hefyd, yn un da am adrodd straeon. Roedd gan ei dad straeon am forwyn yn dod o lyn ac yn priodi rhyw fugail; ac am ddewin o'r enw Myrddin yn mynd ar goll mewn coedwig ac yn troi'n broffwyd; ac am y brenin Arthur, oedd wedi cael ei glwyfo erstalwm ond ddim wedi marw. Ond doedd stori Pwyll ddim yn un o straeon ei dad. Fe allai Dafydd ei dweud hi wrth ei dad a'i fam y tro nesaf y byddai o adref.

"Ydi hon'na'n stori wir?" gofynnodd i'w ewyrth.

"Roedd hi'n wir erstalwm," atebodd hwnnw. "Ac y mae'r llefydd sydd yn y stori'n dal yma."

"Pa lefydd?" gofynnodd eto.

"Glyn Cuch ac Arberth. Ond ust nawr, mae'r bardd ddaru adrodd y stori'n mynd i ganu."

Dyma'r dyn oedd wedi adrodd y stori'n codi eto, efo telyn fach yn ei ddwylo, ac yna'n canu cerdd. Dweud mor dda oedd Llywelyn yr oedd y bardd, mor garedig oedd o, ac mor barod ei groeso, mor gryf, a bod ganddo wraig dda iawn hefyd. Ar ôl iddo orffen dyma pawb yn curo dwylo a dweud, "Go dda nawr", "Gwir bob gair", a "Swynol, swynol!"

Yna dyma'r bardd yn canu cân arall – fwy neu lai yr un peth. Yn ystod y gân hon fe syrthiodd Dafydd i gysgu. Roedd wedi cael diwrnod hir. Fe siglodd gwas o'n effro, ac yna'i arwain o i stafell lle'r oedd rhes o welyau. Mi gysgodd fel twrch – ar wahân i pan ddeffrôdd o ynghanol y nos am funud bach yn disgwyl clywed sŵn cloch, ac yn disgwyl llusgo draw i wasanaeth, fel yn Ystrad Fflur.

Ar ôl cinio ganol dydd y diwrnod wedyn – a chinio da oedd o hefyd, eto yn llawer gwell na'r cinio yn Ystrad Fflur – fe aeth Dafydd a'i ewyrth a dau was ar gefn eu

ceffylau draw i'r Llystyn. Gan ei bod hi'n Fehefin ac yn braf – yn wahanol iawn i ambell Fehefin a haf yng nghanrif Dafydd – roedd y werin wrthi yn y cynhaeaf gwair. Roedd tri dyn wrthi efo pladuriau yn un rhes ac yn cyd-symud yn rhythmig. Dychmygai Dafydd glywed sŵn brath y llafnau yn y gwair – *ssh*, a *ssh*, a *ssh*. Roedd cymydog i'w dad wedi dweud wrtho ei bod hi'n llawer haws pladurio unwaith yr oedd pladurwyr wedi 'magu arfod' neu fagu rhythm. Heb fod ymhell gwelai Dafydd fochyn yn cael ei hel allan o dŷ bychan o wiail a thail a thywyrch gan eneth fach efo wyneb budur. Safodd hi'n edrych ar y pedwar ohonyn nhw'n mynd heibio.

Ar y ffordd aethant heibio dau ac yna dri o ddynion oedd yn cerdded. Y ddau dro, cyfarchodd y dynion Lywelyn yn foesgar trwy ddweud, "Dydd da", neu "Henffych".

Ar ôl cyrraedd y Llystyn a chyfarch pobol yno, fe aeth ei ewyrth a'r ddau was i mewn i'r tŷ.

"Fe a' i am dro bach," meddai Dafydd.

"Paid ti â chrwydro'n rhy bell mewn lle dierth," meddai Llywelyn.

"Wna i ddim. Dim ond draw i fan'cw yr a' i," meddai Dafydd, gan gyfeirio at ben draw llwybr troed.

Fel y cerddai dow-dow synnai mor dawel oedd hi, ac mor las oedd y byd o'i gwmpas, ac mor felyn a disglair oedd yr haul. Cododd ei law i gysgodi ei lygaid. Clywodd y gog yn canu, ac am ryw reswm meddyliodd am y gloch fyddai'n galw'r brodyr i'r Gosber yn Ystrad Fflur. "Mae'r gog yna'n dal i ganu," meddai wrtho'i hun, "er bod pawb wedi'i chlywed hi bellach." Yna meddyliodd na fyddai hi ddim yn canu'n hir iawn eto. "Trist," meddai wrtho'i hun. "Fydd hi ddim yma'n hir iawn eto." Yna pasiodd cwmwl sydyn dros yr haul gan dynnu peth o'r lliw o'r byd o gwmpas. Am eiliad aeth pethau'n hollol ddistaw, a theimlodd Dafydd ryw ias yn mynd drwyddo. "Canol Mehefin," meddai, "a'r ha' 'ma'n mynd heibio." Yna daeth yr haul i dywynnu eto, a sbriwsiodd y byd, a Dafydd. "Os gwn i a fydd yna fardd a stori ar ôl cinio heno?" meddyliodd.

Nac oedd, oedd yr ateb i'w gwestiwn. Yn lle hynny, dyma'i ewyrth yn dechrau sôn am farddoniaeth. "All rhywun roi gair i mi sy'n odli gyda… " arhosodd am eiliad ac yna ddweud, "Eiddew."

"Tew," meddai rhywun yn syth.

"Llew," meddai rhywun arall.

"Rhew," meddai Dafydd.

"Da iawn," meddai Llywelyn. "A beth am odl gyda… gaeaf?"

"Haf," meddai Dafydd.

"Claf." "Braf." "Saf."

"Oeraf," meddai Dafydd eto.

"Rhagorol," meddai Llywelyn. "Wyt ti wedi chwarae geiriau fel hyn o'r blaen?"

"Naddo," atebodd Dafydd. "Ond fe fyddai 'nhad yn adrodd penillion wrth y llath."

"Rhywbeth dipyn bach yn wahanol nawr 'te," meddai Llywelyn. "Fe wnawn ni chwarae dechreuadau."

"Dechreuadau?" gofynnodd Dafydd.

"Fel hyn," meddai Llywelyn. "Dyn da, doeth, dewr: mae pob gair yn dechrau gyda'r un llythyren, yr un gytsain, 'd'. Gair gan bob un yn ei dro." Arhosodd eiliad eto cyn dweud, "Pren".

Daeth yr atebion: "Planedig." "Pur." "Prin." "Pêr." "Plwm."

"Penigamp," meddai Llywelyn.

Ac fel hyn y bu hi ar lawer noswaith – pawb yn cymryd rhan mewn chwarae geiriau. Roedd pethau'n mynd yn fwy anodd fel yr âi'r amser ymlaen.

"Cynganeddu nawr 'te," meddai Llywelyn un noson, gan estyn ffon. "Fe noda i lle y mae'r acen ar ran o air trwy daro'r llawr gyda'r ffon 'ma, ac fe glywch chi lythrenne neu gytseinied o gwmpas yr acen. Fel hyn." (Yma fe nodwn ni'r rhannau lle'r oedd Llywelyn yn taro'i ffon ar lawr efo prif lythrennau.) "Minnau, Mynnaf: MINN–au, MYNN–af. Mae M ac N o gwmpas yr acen: M, yr acen, N – deall? Fe ro i air ichi ac fe gewch chithe ateb. Am y cynta fydd hi'r tro yma." Daeth y saib arferol, "DYF–od."

"DYF–u," meddai Dafydd fel saeth. "DYF–od i DYF–u."

"Wel," meddai Llywelyn, "dyma inni be ydi bardd. Eto." Saib. "DIOG–el."

"ADEG–au," meddai Dafydd cyn i neb arall gael cyfle i agor ei geg. "DIOG–el yw ar ADEG–au."

"Wel, ardderchog," meddai Llywelyn. "Rwyt ti'n rhy dda i'r lleill sy yma. Y tro yma paid ti â dweud dim, Dafydd." Saib. "DAGR–au."

Distawrwydd. Mwy o ddistawrwydd. Llethol. Roedd un yn edrych i fyny at y to am ysbrydoliaeth, un arall yn crafu ei ben, ac un arall yn gwasgu ei drwyn. Ond ni ddywedodd neb ddim.

"Dim?" holodd Llywelyn.

"Gair anodd," meddai un. "Anodd iawn," meddai un arall. "Anhrugarog o anodd," meddai un arall.

"DWYGR–aig," meddai Dafydd.

"Dwygraig!" meddai un. "Dydi hwn'na ddim yn air," meddai un arall.

"Ydi, mae e," meddai Llywelyn, "mae e'n ddau air wedi eu rhoi gyda'i gilydd, 'dwy' a 'craig'. Da iawn, unwaith eto, Dafydd."

Cyn bo hir roedd Dafydd wedi mynd yn ei flaen i ddysgu tipyn am gynganeddu, ac erbyn hyn roedd yn cyfansoddi penillion. Ac yn lle taro'r llawr â ffon ar yr acenion yn ei linellau, roedd yn defnyddio'i delyn fach ac yn taro tannau i wneud hynny. Roedd yn amlwg i Lywelyn, ac i bawb yn y tŷ fod Dafydd yn fardd.

Roedd un chwarae arall oedd yn rhan o addysg farddol Dafydd, a hynny oedd chwarae dyfalu. Fe ddechreuodd gyda chwestiynau fel hyn:

"Nawr 'te," meddai Llywelyn, "be sy'n mynd heb symud?"

"Rhywun yn rhedeg yn ei unfan," meddai un.

"Ddim yn ddrwg," meddai Llywelyn.

"Afon," cynigiodd rhywun arall. "Mae hi'n symud, ond yn dal i fod yn yr un lle."

"Ffordd," meddai rhywun arall. "Mae pob ffordd yn mynd i rywle, ond dyw hi ddim yn symud."

"Wel, mae 'na dipyn o athrylith yn y lle 'ma heno," meddai Llywelyn. "Be sy'n mynd yn fwy wrth dorri ei ben?"

"Coeden," meddai un. "Wrth ichi docio un flwyddyn mae coeden yn tyfu'n fwy y flwyddyn wedyn."

"Cynnig teg," meddai Llywelyn.

"Beth am ffos?" holodd rhywun arall. "Wrth ichi dorri pen ffos mae hi'n mynd yn fwy."

"I'r dim," meddai Llywelyn. "Nawr, beth pe bawn i'n gofyn ichi feddwl am rywbeth i orffen yr hyn y bydda i'n ei gynnig." Saib. "Yn gam fel... "

"Fel cryman," meddai un.

"Fel cynffon buwch," meddai un arall.

"Piso mochyn," meddai un arall eto.

"Mae'n dda 'da fi dy fod ti'n sylwi ar y byd o dy gwmpas!" meddai Llywelyn wrth hwnnw.

"Fel lleuad newydd," meddai Dafydd.

"Da eto," meddai Llywelyn. "Nawr 'te, beth am hyn: mae croen fy nghariad i yn wyn fel... Be?"

Bu tawelwch am funud. "Calch," awgrymodd un.

"Ie," meddai Llywelyn, "ond meddylia pe baet ti'n dweud wrth dy gariad fod ei chroen hi'n wyn fel calch – fuaset ti'n cael croeso?"

"Wel," meddai yntau, "efallai y byddai'n well ganddi glywed ei bod hi'n wyn fel eira."

"Fel eira cynta'r gaea," awgrymodd Dafydd.

"Da iawn," meddai Llywelyn, "dyw'r eira cynta ddim wedi cael cyfle i gael ei sarnu a'i faeddu."

"Fel ewyn ton," meddai un arall.

"Wedi clywed y beirdd yn dweud hyn'na rwyt ti," meddai'r cyntaf. "Dyna y maen nhw'n ei ddweud o hyd."

"Fel dŵr garw, dŵr yn torri dros gerrig," cynigiodd Dafydd.

"Rwy i wedi clywed hyn'na hefyd gan y beirdd," meddai Llywelyn. "Ond does dim yn erbyn y gymhariaeth yna."

"Fel cwmwl Mai, – da 'ntê!" meddai rhywun arall.

"Fel tin clagwydd," meddai'r un brawd a gynigiodd y gymhariaeth rhwng cam a mochyn.

Fe aeth pethau'n flêr braidd wedyn, a chafwyd cynigion fel: "Crystyn torth", "Pen dafad", a "Dannedd cribyn".

Yna fe benderfynodd Llywelyn roi gwersi i Dafydd ar ei ben ei hun. "Llai o chwarae nawr, a mwy o ddysgu," meddai. O hen gist yn un o stafelloedd ochor y tŷ tynnodd fwndel o hen bapurau wedi eu rhoi efo'i gilydd yn ofalus. Yn ofalus iawn, a chyda chryn bleser yr agorodd Llywelyn y bwndel ar fwrdd. Safai Dafydd wrth ei ochor.

"Nid Lladin ydi hwn," meddai – roedd wedi gweld pethau fel hyn yn Lladin yn Ystrad Fflur.

"Nage, Cymraeg, wedi ei sgrifennu hefyd," meddai Llywelyn. "Dwned ydi e."

"Dwned?" gofynnodd Dafydd.

"Ie, gramadeg. Disgrifiad o iaith a sut y mae hi'n gweithio. Dim gair am hyn wrth neb ond beirdd, cofia. Maen nhw'n dweud fod rhyw offeiriad yn ceisio snwfflan am ein gwybodaeth ni," esboniodd Llywelyn.

"Pam y mae'n rhaid disgrifio iaith? Rydym ni i gyd yn gallu siarad Cymraeg yn iawn," meddai Dafydd, "heb ramadeg."

"Gwir," meddai Llywelyn, "ond gramadeg sy'n esbonio sut yr ydym ni'n defnyddio ein hiaith, a dyma ran o ddysg y beirdd. Edrycha yma."

Roedd Dafydd yn falch ei fod yn medru darllen – diolch i'r Brawd Madog. Symudodd ei ewyrth ei fys ar hyd yr ysgrifen ar y ddalen a dweud y geiriau: "Beth yw enw? Rhan o iaith sy'n cael ei dreiglo, ei weld, ei glywed, neu ei deimlo, neu sy'n enw ar rywbeth, fel y mae *angel, dyn, meddwl, pren.*"

"Felly mae *bwrdd* yn enw," meddai Dafydd. "Mae e'n enw ar hwn." Cnociodd ei fys ar y bwrdd. "Rydw i'n gallu ei weld a'i deimlo hefyd."

"Yn union felly," meddai Llywelyn. "Rwyt ti'n deall beth ydi enw."

Ac fel hyn y bu hi, o ddydd i ddydd, gyda Llywelyn yno gyda Dafydd yn y dechrau. Ond buan y sylweddolodd y gallai adael ei nai i fynd ati ar ei ben ei hun, cyn belled â'i fod o'n fodlon ateb cwestiynau yn rheolaidd ac yn dod ato i esbonio'r pethau mwyaf dyrys.

Er y gwyddai am allu Dafydd i gynganeddu, fe synnodd Llywelyn mor ddidrafferth yr aeth Dafydd trwy'r rhan honno o'r Dwned oedd ganddo fo oedd yn sôn am gynganeddion, a chafodd y ddau hwyl fawr yn cyfansoddi llinellau efo'i gilydd.

"Beth am Gynghanedd Groes, y gynghanedd orau un?" gofynnodd Llywelyn.

"**D**euliw'**r s**êr, **d**ol**ur**s wyf," meddai Dafydd.

"Rhagorol iawn," meddai Llywelyn. "Yn awr y gwnest ti'r llinell yna?"

"Nage," meddai Dafydd dan wenu. "Roeddwn i wedi ei gwneud hi'n gynharach!"

"Cynghanedd Lusg," meddai Llywelyn.

"Ni ddaw'r gw*an* fyth o *Ann*wn."

"Iawn. Mae dy linell di'n ddigon gwir – 'ddaw 'na neb yn ôl o Annwn, y Byd Arall. Ond cynghanedd hawdd ydi Cynghanedd Lusg," meddai Llywelyn. "Beth am Gynghanedd Sain?"

"A Thudf*wlch* a **Ch**yf*wlch* Hir,"

"Dydi hon 'na ddim yn newydd yn nac ydi!" meddai ei ewyrth.

"Nac ydi," oedd yr ateb.

"Mae hi'n gywir," meddai Llywelyn, "a, rhyngot ti a fi, mae amryw o'r beirdd yn defnyddio hen linellau."

Roedd Llywelyn gyda Dafydd y diwrnod y daethant at ran o'r Dwned oedd yn dweud sut y dylai bardd foli pob peth. Roedd y Dwned yn nodi popeth yn fanwl ac mewn trefn, fel hyn:

'Dau fath o rai a folir, sef gŵr a gwraig. Dau fath o ddyn a folir, sef gŵr eglwysig, ac un sydd y tu allan i'r eglwys.' Ac yn y blaen.

Yna o gam i gam fe ddaeth y Dwned at sut i foli uchelwr:

'Uchelwr a folir oherwydd ei ddewrder, a'i gadernid, a'i allu milwrol, a'i bryd a gwedd, a'i haelioni, a'i weithredoedd da, a'i ffyddlondeb i'w arglwydd.'

"Dyna iti res o bethau y mae beirdd yn eu canmol mewn uchelwr," meddai Llywelyn.

"Beth am wragedd?" gofynnodd Dafydd.

'Uchelwraig a folir oherwydd ei phryd a gwedd, a thegwch, ac addfwynder, a haelioni, a doethineb, a diweirdeb. Ac ni ddylid canu i uchelwraig oherwydd serch a chariad, gan na ddylid canu cerdd o serch iddi.'

"Dyma'r hyn roedd y bardd yna'n ei wneud y noson gynta y dois i yma," meddai Dafydd, "canmol yr holl bethau hyn. Ond dydi bardd ddim i fod i ganu cerdd o gariad i uchelwraig felly?"

"Nac ydi," atebodd Llywelyn, "ond edrycha ar hyn." Dangosodd y geiriau â'i fys eto a'u hadrodd wrth fynd yn ei flaen.

"Morwyn ifanc a folir oherwydd ei phryd a gwedd, a thegwch, a diweirdeb, a chwrteisi, a haelioni, ac arferion da; ac fe ellir canu iddi oherwydd serch a chariad; dyma yw Rhieingerdd." *love poem*

"Rhieingerdd: cerdd i riain neu eneth ydi hynny on'd e?" meddai Dafydd.

"Dyna ti, wedi ei deall hi," meddai Llywelyn.

"Dim ond moli all bardd ei wneud?" holodd Dafydd.

"Moli ydi prif ddyletswydd bardd," meddai Llywelyn.

"Beth am uchelwr drwg?" gofynnodd Dafydd. "Ydi bardd i fod i foli rhywun felly?"

"Cwestiwn da," meddai Llywelyn. "Yr ateb ydi hyn: dyna y mae'r beirdd yn ei wneud, gan amlaf. Er, cofia, fe all bardd ddychanu – gwneud hwyl am ben pethau a phobol. Ond dydi hynny ddim yn beth da – ar wahân i pan ddigwyddith e o ran hwyl."

"Fe fyddai 'nhad yn canu'n eithaf amal inni bennill am Tudur Goch:

'A glywsoch chi am Dudur Goch
Oedd yn arfer cadw moch?
Dyn du, hyll a thrwyn fel crafanc,
Yn yfed cwrw fel dau afanc.'"

"Dychan ydi hyn'na, a thipyn o hwyl," meddai Llywelyn. "Gwaith y beirdd salaf ydi pethau fel'na."

"Ydi beirdd da i fod i ddyfalu, sef chwilio am bethau newydd i'w cymharu â'i gilydd?" gofynnodd Dafydd.

"Defnyddio eu dychymyg wyt ti'n ei feddwl?" gofynnodd ei ewyrth. "Wel, fe allan nhw; ond rhoi geiriau gyda'i gilydd yn ôl y rheolau sy yn y Dwned ydi eu prif waith nhw."

"Does fawr ryfedd fod pobol yn cysgu weithiau pan fydd y beirdd wrthi yn y neuadd yma," meddai Dafydd.

"Wel, mae hyn'na'n dibynnu ar y bardd, wy'st ti. A chofia hefyd fod y beirdd yn cadw cof inni, yn cofio pwy ydi'n tadau a'n teidiau ni, fel ein bod ni'n gwybod ein hawliau."

Fe ddôi ymwelwyr heibio'r Ddôl Goch o bryd i'w gilydd, rhai ohonyn nhw'n perthyn i'r llys yn Llundain. Doedden nhw ddim yn siarad Cymraeg – roedden nhw'n siarad Saesneg, neu weithiau'n siarad Ffrangeg. Gan fod Dafydd mor dda am godi geiriau a'u cofio nhw, fe ddechreuodd ddod i ddeall y siarad rhwng ei ewyrth a'i ymwelwyr. Roedd ambell un ohonyn nhw'n fwy diddan na'i gilydd, a byddai lawn cymaint o hwyl ar ôl swper efo nhw â phan fyddai rhai o'r beirdd Cymraeg yno. Cofiai Dafydd yn dda pan ddaeth John o Gaer-grawnt heibio, gŵr ifanc penfelyn yn gwisgo dillad lliwgar iawn. Fe ganodd o gân am adar yn yr haf, cân a wnaeth argraff ddofn ar Dafydd. Roedd yn diolch ei fod o wedi dysgu digon o Ladin i'w deall hi.

"Y mae'r dail yn harddu'r coedydd,
Y mae'r brigau yn rhyfeddod;
Ac yn uchel yn y cangau
Fe gwyna colomennod.

Y maent hwy a llu bronfreithod
Yn cydganu â mwyalchod,
Ac mae adar to yn clebran
Yn ddigon o ryfeddod.

Y mae'r wennol hithau'n gwichian
A jacdoeau wrthi'n prepian,
Y mae'r adar yn rhoi croeso
I'r haf caredig, diddan."

Roedd pawb yn hoffi John Caer-grawnt. Nid yn unig yr oedd o'n medru canu caneuon difyr, ond yr oedd o'n un da iawn am stori hefyd.

"Stori o Ffrainc ydi hon," meddai, "ond fe'i dweda i hi yn Saesneg. Roedd 'na ŵr ifanc o'r enw Jacques, bonheddig iawn a balch iawn, wedi mynd allan i grwydro – a'i sgweier gydag e, wrth gwrs. A dyma nhw'n dod i dref weddol fawr, ac yn dechrau chwilio am dafarn i gysgu'r nos. Fe wrthododd Jacques fynd i mewn i'r tair tafarn gyntaf a welson nhw – ddim digon da, lle rhy flêr, ieir yn pigo o gwmpas y byrddau, pethau felly. Ond pan ddaethon nhw at y bedwaredd fe benderfynodd fod golwg

52

honno'n iawn. Fe aeth y sgweier i mewn i weld y lle, a dod allan dan wenu a dweud fod popeth o'r gorau. Felly dyma nhw'n cael gwas i ofalu am eu ceffylau, ac i mewn â nhw. Ac, yn wir, roedd yno le braf. Roedd yna dân coed mawr yn un pen i'r brif ystafell a byrddau glân yma ac acw, a theithwyr wrthi'n bwyta. Eisteddodd Jacques wrth un o'r byrddau a dweud wrth ei sgweier am fynd allan am dipyn.

"Daeth geneth ifanc at Jacques a gofyn iddo be fynnai e i'w fwyta. Syllodd yntau ar yr eneth gan agor ei geg mewn syndod. Roedd hi'n eithriadol o dlws. Ei gwallt hi'n ddu fel y frân, ei chroen hi'n wyn fel eira… "

"Ydi hwn wedi bod yn chwarae dyfalu, os gwn i," meddyliodd Dafydd.

"… ei gwefusau hi'n goch fel rhosyn, a'i llygaid hi'n stemio'n ddu! Ar ôl iddo gael ei wynt ato, meddai Jacques, 'Fe gymera i gig rhost – y gorau sy gennych chi; a dowch â gwin coch gorau'r tŷ imi. A thyrd tithau i gael pryd gyda mi,' meddai. 'Gad i'r forwyn arall acw weithio am dipyn.'

Gan y byddai Jacques yn talu am ginio'r forwyn yn ogystal â'i ginio ei hun roedd y tafarnwr – clamp o ŵr tew, rhadlon – yn fodlon iawn ar y trefniant.

Gwnaeth Jacques le i'r forwyn – Marguerite – ar y fainc wrth ei ochr. Dechreuodd y ddau fwyta, ac yfed. Yn wir, fel y mae hi'n digwydd weithiau, mwyaf yn y byd yr yfai Jacques – a Marguerite, o ran hynny – mwyaf hapus a siaradus yr aen nhw.

'Ma cherie' – fy nghariad i ydi hynny yn Ffrangeg – meddai Jacques wrthi. 'Ma cherie, chdi ydi'r eneth brydferthaf yr ydw i wedi ei gweld erioed yn fy mywyd.'

'Ti 'rioed yn deud, deryn,' meddai Marguerite.

'Yddw' – roedd Jacques yn siarad braidd yn dew erbyn hyn o achos yr holl win – 'Yddw, wir i chddi. Ydd wyt ti fel haul yn yr awydd yn yr haf, yn thgleinio i gyd.'

'Cer o 'ma!' chwarddodd Marguerite.

'Ffaith ichddi, ffaith anwadda... ' – camgymeriad braidd oedd i Jacques ddewis gair mor hir i geisio'i ddweud, ond rhoddodd gynnig arall arni – 'anwadaddwy'.

'Anwadadwy, cariad,' awgrymodd Marguerite.

'Clyfar 'efyd,' meddai Jacques. 'Fel o'n i'n dweud, ddwyt ti fel lleuadd arian.'

'Haul, haul yr haf,' meddai Marguerite.

'Haul a lleuadd,' meddai Jacques, 'aur ac arian.'

Erbyn hyn roedden nhw wedi gorffen eu cinio a chan fod y lle'n dechrau llenwi fe ddywedodd Marguerite fod yn rhaid iddi fynd i helpu'r forwyn arall i weini.

'Ddweda i chddi be,' meddai Jacques, 'beth am i mi ddod draw athat ti pan fydd y bobol yma weddi cyssgu.'

'Edrych ymlaen at hynny, del,' meddai Marguerite, a tharo cusan bach ysgafn ar ei foch.

A dyna lle bu Jacques yn aros yn ddigon diddan efo'i boteli gwin nes i bawb fynd i'w gwelyau yn y stafell-gysgu.

'Mae pawb yn cyssgu thiawns,' meddai Jacques wrtho'i hun, 'ar wahân i Marguerite. Marguerite, ryddw i ar fy ffordd!'

Cododd ar ei draed, yn bur ansad a dweud y gwir. Ceisiodd sadio ac anelu ar draws y brif stafell am y stafell-gysgu lle'r oedd gwely Marguerite. Roedd o'n hanner baglu ei ffordd ymlaen pan drawodd ei goes yn eger mewn stôl. Syrthiodd yn ei flaen a tharo'i ben yn glewt ar ochor un o'r byrddau nes bod hwnnw'n gwegian cyn troi drosodd. Ac wrth iddo droi fe syrthiodd clamp o jwg pres oddi arno'n glatj gan wneud digon o sŵn i godi'r meirw, heb sôn am gysgaduron y dafarn yn y stafell-gysgu, a'r cŵn oedd yn y cefn.

Fe ddeffrôdd tri Norman oedd yn digwydd bod yno, tri oedd wedi bod yn rhochian cysgu ac yn dreflan poer mewn gwely yr oedden nhw wedi bod yn ei ffrwydro, gyda'i gilydd yn driawd ac ar wahân, â'r rhechan mwyaf andwyol ac aruthr a drawyd yng Nghred ers yr Oesoedd Tywyll. Yn wir, roedd eu drewdod yn ddigon i ddiffodd canhwyllau.

Yn awr dyma'r rhain yn rhyw gysglyd godi a dechrau gweiddi am eu paciau, gan feddwl fod lladron yn eu dwyn:

'Paciau! Lladron! Lladron!'

Wedyn dyma pawb yn codi ac yn palfalu o gwmpas yn y twllwch, ar draws ei gilydd. A dyna lle'r oedd Jacques yn swatio y tu ôl i'r bwrdd oedd wedi troi ac yn gofyn am gymorth Sant Cristoffer. Ac yna, fel roedd pobol o'r stafell-gysgu'n bwnglera ar draws ei gilydd, dyma yntau'n llithro fel slywen at ochor ei sgweier yn y stafell honno. A choeliwch fi, doedd hwnnw'n ddim byd tebyg i Marguerite!"

"Trafferth mewn tafarn; difyr iawn," meddyliodd Dafydd.

Fe fyddai ei ewyrth hefyd yn mynd â Dafydd allan i hela gydag o a'i wŷr – roedd dysgu hela, a dysgu ymladd o ran hynny, yn rhan o addysg Cymro o uchelwr. Gallai Dafydd ddygymod â hela, ond doedd ganddo ddim i'w ddweud wrth ymladd: câi'r arfwisg yn rhy drwm, y waldio efo cleddyfau ffug yn boenus, a thueddai i ddisgyn oddi ar gefn ei geffyl wrth ymarfer twrnameint. Yr hyn a hoffai Dafydd wrth hela oedd cael bod ar farch cryf a hwnnw'n carlamu drwy'r meysydd a llwybrau'r coedydd ar ôl ysgyfarnogod, a'r bytheiaid yn 'canu' o'i flaen. Doedd o ddim mor hoff o weld y lladd, ac yn hynny o beth roedd o'n dra gwahanol i bawb arall, a gymerai'r fath beth yn ganiataol. Ni allai anghofio'r tro cyntaf iddo fynd allan i hela gyda Llywelyn a'i wŷr: ar

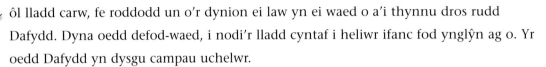

ôl lladd carw, fe roddodd un o'r dynion ei law yn ei waed o a'i thynnu dros rudd Dafydd. Dyna oedd defod-waed, i nodi'r lladd cyntaf i heliwr ifanc fod ynglŷn ag o. Yr oedd Dafydd yn dysgu campau uchelwr.

Fe fu Dafydd gyda'i ewyrth am bum mlynedd. Erbyn hynny roedd wedi mynd trwy ryw fath o arholiadau i feirdd ac wedi gwneud yn dda.

"Un radd sy gen ti i'w chyrraedd eto," meddai ei ewyrth wrtho, cyn iddo fynd adref i Lanbadarn, "a honno ydi gradd Pencerdd, y brif radd. 'Tawn i yn dy le di fe awn i i fyny i Wynedd ryw ben – fe elli di ennill dy damaid ar y daith trwy ganu yma ac acw – a mynd draw i Aberffraw. Fe alla i drefnu iti alw mewn un neu ddau o lefydd, ac yn enwedig aros gyda Deon eglwys Bangor, Hywel ap Goronwy. Fe wnei di fwynhau'r daith."

"Fe a' i adre am dipyn, ac yna ei chychwyn hi fel yr ydych chi'n awgrymu, mae'n debyg," meddai Dafydd, "a diolch i chi am bopeth."

"Cofia fi at dy fam a dy dad," meddai Llywelyn. "A dywed y galwa i cyn bo hir."

Yma ac acw

Ar ei daith, go hir, yn ôl i Lanbadarn penderfynodd Dafydd alw heibio Ystrad Fflur i weld ei hen gyfoedion. Fel yr oedd o'n nesu at borth y fynachlog dyma'r porthor yn ei adnabod ac yn ei gyfarch, "Wel, a dyma ni Dafydd yn ei ôl, ac yn ŵr bonheddig o'i gorun i'w sawdl. Croeso."

Roedd Dafydd wedi cyrraedd ar adeg dda, amser cinio ganol dydd. Aeth i mewn i'r neuadd a chael croeso mawr. Yn wir, bu raid iddo fynd draw at fwrdd yr Abad a'r Prior i'w cyfarch, cyn iddo eistedd – efo'r Brodyr y tro hwn. Roedd wedi gweld y Brawd Madog ar yr un bwrdd ag o'r blaen, ond y tro yma roedd ganddo bedwar o fechgyn newydd gydag o. Roedd y bechgyn oedd yn nofisiaid gyda Dafydd pan oedd o yn y fynachlog wrth fwrdd y Brodyr bellach. Eisteddodd Dafydd rhwng Gruffudd a

Llywelyn. Roedd pawb yn awyddus iawn i glywed unrhyw newyddion. Ar ôl disgrifio llysoedd ei ewyrth Llywelyn dechreuodd Dafydd sôn amdano'i hun yn cael ei hyfforddi i fod yn fardd (ni theimlai fod yn rhaid iddo ddweud y gwir bob gair – na phob deg gair, 'tai hi'n dod i hynny): "Bob bore fe fyddwn i'n gorfod darllen o Ddwned y beirdd – peth ofnadwy o anodd – ac wedyn roeddwn i'n gorfod dysgu pedair tudalen ar y tro."

"Sut bethau?" gofynnodd Gruffudd.

"Cha i ddim dweud," meddai Dafydd. "Mae'r cwbwl yn gyfrinach, a phe bai'r beirdd yn clywed fy mod i wedi dweud, wn i ddim be wnaen nhw. Ond fe ddweda i hyn, fe alla i'n awr fynd o gwmpas tai uchelwyr a chael fy nhalu am ganu."

"Sut le oedd yna yn Nyfed?" gofynnodd Llywelyn.

"Lle braf iawn," meddai Dafydd, "ac fe gefais fy nysgu i hela ac ymladd. Roeddwn i'n ardderchog am drin bwa saeth. Ac rydw i'n gwybod sut i hela 'da hebog. Fe es gyda 'newyrth i ochrau Penfro at ddyn oedd wedi cael gafael ar hebog ifanc iddo fe. Yn fan'no y mae'r hebogiaid gorau un ym Mhrydain. Pan oedd Harri'r Ail, Brenin Lloegr, yno erstalwm, dyma fe'n gweld un o hebogiaid mawr Penfro'n clwydo ar graig, a dyma fe'n gollwng ei hebog ei hun – hebog o'r Gogledd – i ymosod arno fe. Dyma hebog Penfro'n codi'n uchel ac yn trawo hebog y brenin efo crafanc fawr nes y disgynnodd e, heb ei ben, wrth draed y brenin! Ar ôl hynny, dim ond hebogiaid Penfro wnâi'r tro i'r Brenin Harri."

"Oedd yr hebog gafodd dy ewyrth yn fawr?" gofynnodd un o'r brodyr.

"Anferth," meddai Dafydd, "er mai cyw oedd e."

"Oedd yna lawer o ddieithriaid yn dod heibio llys dy ddewyrth?" gofynnodd Llywelyn.

"O oedd," meddai Dafydd, "beirdd o wahanol rannau o Gymru, pobol bwysig o Loegr, rhai milwyr oedd wedi bod yn ymladd yn Ffrainc. Ac roedd yno amryw byd oedd

yn ardderchog am adrodd chwedlau."

"Sut chwedlau?"

"Pob math," meddai Dafydd, "chwedlau'r Mabinogi a hen chwedlau eraill. Glywsoch chi am Henwen?"

"Naddo," meddai amryw o'r brodyr gyda'i gilydd.

"Wel," dechreuodd Dafydd, "amser maith, maith yn ôl, roedd y Brenin Arthur yn un o'i lysoedd – yn y Gelli Wig yng Nghernyw. A dyma 'na dyrfa o bobol Cernyw'n dod ato dan gwyno fod yna hwch na welodd neb ei thebyg yn difa eu tiroedd nhw a'u hanifeiliaid. Henwen oedd ei henw hi – am ei bod hi'n wen – ac roedd hi wedi dod o'r Byd Arall, o Annwn. Roedd hi gymaint â dau geffyl gwedd, a'i childdannedd hi'n felyn ac yn llathen o hir. Roedd hi wedi lladd dwsin o ryfelwyr dewraf Cernyw oedd wedi ceisio mynd ar ei hôl hi.

'Gadewch hyn i mi, a'm marchogion,' meddai Arthur. 'Fyddwn ni fawr o dro'n cael gwared â'r hen chwaer.' Ac i ffwrdd ag e, a'i farchogion dewr – Bedwyr, Cai a'r lleill – gydag e. Cyn bo hir dyma nhw'n gweld yr hwch. A dyma'r hwch yn eu gweld hwythau ac yn cymryd y goes, yn nofio drwy'r môr a dod i Went ac yna'n mynd nes cyrraedd Dyfed. Yma ac acw, ar hyd y de, roedd hi'n esgor ar bethau da ac yn eu gadael nhw ar ei hôl – ysgubau mawr o wenith a barlys, a heidiau o wenyn. Yna fe ddaliodd i fynd, ac Arthur a'i farchogion yn dal wrth ei sodlau, nes dod i'r gogledd. Ac yn fan'no dyma hi'n esgor ar chwaneg o bethau, ond pethau drwg iawn oedd y rhain, cenau blaidd, cyw eryr, a'r gwaethaf o'r cwbwl, cath a dyfodd yn gymaint â hi ei hun, Cath Palug. Fe gafodd Arthur lawer iawn mwy o drafferth nag oedd e wedi'i feddwl i ladd Henwen. Ond ar ôl brwydr waedlyd a barhaodd am dridiau, fe yrrodd Arthur hi, yn gwaedu –

fel mochyn – i afon Menai, a welodd neb mohoni hi byth wedyn. Ond, yr hyn a ddigwyddodd ar ôl hynny oedd fod Cath Palug yn tyfu fesul dydd, fel y dwedais i, yn gawres o gath. A chafodd hi ddim trafferth i nofio i Ynys Môn. Ac yno fe ddaeth hi'n un o dair prif ormes Ynys Prydain! Fe ddechreuodd hon fwyta dynion – naw ugain ohonyn nhw, a'r rheini i fod yn ymladdwyr dewr! Yn y diwedd fe fu'n rhaid i Gai Wyn, un o brif farchogion Arthur, fynd yno i'w lladd hi."

Gwrandawai pawb yn geg-agored ar y chwedl hon.

"Oes yna newyddion am y byd mawr?" oedd y cwestiwn nesaf.

"Y newydd diweddara ydi fod Edward y Trydydd wedi ymosod ar Gastell Nottingham ac wedi cymryd Rhosier Mortimer yn garcharor, ac yna wedi ei grogi e yn Llundain. Ac fe ddywedir, hefyd, fod Edward wedyn wedi carcharu ei fam ei hun," meddai Dafydd.

"Na, chlywsom ni ddim am hyn'na," meddai un o'r brodyr. "Gobeithio y cadwith hyn Edward yn brysur yn Lloegr fel na ddaw e ddim i'n poeni ni yng Nghymru."

Tra oedd Dafydd wrthi'n diddanu'r brodyr, yr oedd un ohonyn nhw wedi codi a mynd at yr Abad, a chael gair gydag o. Ymhen ychydig cododd y Prior a tharo'r bwrdd. Distawodd pawb. "Frodyr, gan fod Dafydd wedi gweld yn dda i ddod yma heddiw, a chan fod yr Abad yn deall ei fod e nawr yn fardd wrth ei swydd, y mae e am ofyn iddo fe ganu cân neu ddwy – grefyddol – inni heno adeg y Complin. Dafydd?"

"Diolch yn fawr ichwi Dad Abad," meddai Dafydd. "Fe a' i ati i gyfansoddi y pnawn yma."

Roedd cryn gyffro yn y neuadd erbyn adeg Complin. A dyma Dafydd yn ei flaen at fwrdd yr Abad, gyda'i delyn fechan yn ei law.

"Gyda'ch cennad, Dad Abad," meddai Dafydd, "yr hyn rwy am ei wneud ydi canu englynion, un am bob llinell o'r *Anima Christi.*"

Emyn Lladin oedd yr *Anima Christi* a'r llinell gyntaf oedd, '*Anima Christi, sanctifa me*' sef, 'Enaid Crist, sancteiddia fi.' Cydiodd Dafydd yn ei delyn a rhedeg ei fysedd hyd y tannau, fel y bydd telynorion yn gwneud. Tynhaodd un neu ddau o'r tannau. Roedd y lle'n dawel, dawel. Yna dechreuodd Dafydd ganu, gan gyfeilio iddo'i hun ar y delyn. (Fe nodwn ni'r acenion yr oedd o'n tynnu sylw atyn nhw wrth lafarganu'r geiriau.)

ENwog, truGARog, annwyd TRI – ac UN,
oGONiant proFFWYDi,
enaid TEG, CROESTeg CRISTi,
fel GLAIN o FEWN, glanHA FI.

Ystyr hyn ydi fod y bardd yn gofyn i Iesu Grist, sy'n un o dri (Tad, a Mab, ac Ysbryd Glân), ac a oedd yn hardd ar groesbren, ei lanhau mor lân â gem. Aeth Dafydd ymlaen fel hyn gan ganu englyn Cymraeg am bob llinell o'r emyn Lladin. Roedd y brodyr wedi gwirioni, a bu'n rhaid i Dafydd ganu ei englynion eilwaith.

Y diwrnod wedyn, aeth Dafydd yn ei flaen i Frogynin. Cafodd groeso mawr gan ei fam a'i dad a chan bawb arall yn y tŷ. Wrth gwrs, bu'n rhaid iddo wrando sawl gwaith ar bethau fel: "Rargian annwyl, rwyt ti wedi tyfu!", "Fuaswn i ddim yn credu mai'r un un wyt ti!", "Fe gest ti le da tua tŷ d'ewyrth!", "Dyn o'r diwedd ontefe!"

"A dwed sut oedd dy ddewyrth 'te?" meddai ei fam.

"Mewn hwyliau da iawn," meddai Dafydd, "a falle y daw e draw cyn bo hir."

"Rwy wedi clywed hyn'na o'r blaen," meddai Ardudful.

"Sut mae'r awen?" gofynnodd ei dad.

"Eitha g'lei," meddai Dafydd. "Fe alla i ddweud fod dewyrth wedi fy rhoi i drwy'r felin."

"Go dda fe!" meddai Gwilym. "Pa radd wyt ti 'te?"

"Disgybl Pencerddaidd," atebodd Dafydd.

"Taw dweud!" meddai ei dad, a chwibianu ei syndod. Roedd o'n synnu gan mai gradd Disgybl Pencerddaidd oedd y nesaf un at y radd uchaf i fardd, sef gradd Pencerdd. "Go dda, nawr. Ddywedais i'n do," meddai gan droi at Ardudful, "y byddai hwn yn fardd. Ddim yn ddeunaw a bron â bod yn Bencerdd!" Gan droi at Dafydd, ychwanegodd, "Mae gan Ddisgybl Pencerddaidd hawl i gael tâl da am ei ganu."

"Oes, gobeithio," meddai Dafydd. "Ac fe fydda i'n mynd o gwmpas plasau dipyn yn awr."

"Gogerddan – dyna iti le iawn," meddai Gwilym. "A beth am Bennal a Mathafarn? Mae gen ti dy ddewis."

"Rydw i am fynd i'r gogledd ymhen tipyn," meddai Dafydd.

"Mynd i'r gogledd!" meddai Ardudful yn syn. "Ond newydd ddod adre'r wyt ti. I be'r ei di i fan'no? Lle oer, yn greigiau i gyd."

"Dyna oedd cyngor f'ewyrth Llywelyn," meddai Dafydd. "Yn fan'no y bydd gen i'r siawns orau i fod yn Bencerdd."

"Wel, falle wir," meddai ei fam. "Fe fu'n teulu ni yn Llys Aberffraw, ac roedd yno feirdd ddigon o ryfeddod yno'r adeg honno, pan oedd gennym ni dywysogion."

A dyna sut y bu hi. Fe deithiai Dafydd i ymweld â thai uchelwyr heb fod yn rhy bell o Lanbadarn, gan wneud bywoliaeth ddigon taclus. Ond fe ddechreuodd o ganu cerddi gwahanol i rai'r beirdd arferol, cerddi am bethau roedd o'n hoff ohonyn nhw, rhai ohonyn nhw'n debyg i'r cerddi a'r chwedlau o Ffrainc a glywsai yn nhŷ ei ddewyrth. Ac un o'r pethau yr oedd o'n dod yn fwy a mwy hoff ohonyn nhw bob dydd oedd merched.

Ar y Sul fe âi i eglwys Llanbadarn. Roedd fan'no'n lle da am ferched. Sefyll y byddai pawb ond y bobol bwysicaf un mewn eglwysi'r adeg honno. Roedd gan deulu Dafydd sedd yn weddol agos at flaen yr eglwys, ond roedd yn well gan Dafydd sefyll. Un dydd Sul roedd yna Frawd mwy syrffedus nag arfer yn cynnal gwasanaeth – roedd o'n baglu trwy ei Ladin ac yn cam-ddweud bob yn ail air. 'Lladin cwt mochyn' y byddai Dafydd yn galw peth fel hyn. Doedd hi ddim yn syndod ei fod o wedi dechrau edrych o'i gwmpas, gan droi ei ben ac edrych dros ei ysgwydd. Roedd y dorf arferol yno, meddyliodd. Ond, yna, fe ddaliodd sylw ar ddwy ferch heb fod ymhell iawn oddi wrtho ar un ochor i'r eglwys. Er gwaethaf eu hetiau, gwelai fod un yn loyw benfelen, mewn gwisg goch, a'r llall o bryd tywyll iawn, mewn gwisg werdd. Roedden nhw'n sgwrsio dan eu hanadl, ac yn cymryd cyn lleied o sylw o'r Brawd â Dafydd.

Y benfelen oedd yn siarad,

"… A dyma'r bachgen tala o'r ddau yn dweud wrthyf fi, 'Hŵ âr iw?'"

"Sais oedd e, felly?"

"Iawn tro cynta!" meddai'r benfelen. "Sais Aberystwyth."

"Ddim llawer o beth felly," meddai'r benddu.

"Wel, dwn i'm. Roedd Anna, oedd 'da fi, yn dweud fod ei dad e'n gwerthu brethyn."

"O!"

"'Iw want symthing,' meddai e wedyn, gan wincio arna i."

"A be ddwedaist ti?"

"'Iw – tin ceffyl,' meddwn i."

Dechreuodd y benddu chwerthin, gan geisio peidio, ac fe ŵyr pawb fod hynny'n gwneud pob dim yn waeth. Dechreuodd y benfelen chwerthin wedyn hefyd, yna ceisiodd beidio a dal wyneb syth, cyn dechrau pwffian wedyn. Wrth eu gweld nhw'n ddwy ddel iawn, ac wrth eu gweld nhw'n chwerthin fe ddechreuodd Dafydd ffansïo'i siawns, a dechreuodd wenu, braidd yn wirion a dweud y gwir. O dipyn i beth dyma'r ddwy'n dechrau sylwi ar Dafydd. A dyma yntau'n gwenu'n lletach fyth.

"Wyt ti'n gweld be ydw i'n ei weld?" gofynnodd y benfelen.

"'Sdim posib peidio," meddai'r un dywyll.

"Sbia llwyd ydi o, yr hen gena."

"A sbia ar y gwallt 'na. Os tin ceffyl oedd Sais Aberystwyth, *cynffon* ceffyl ydi hwn!"

Dechreuodd y ddwy chwerthin yn wirion eto, fel y bydd rhywun am ben jôcs tila iawn lle nad ydi o i fod i chwerthin.

"Os gwn i be mae e eisie?" meddai'r benddu, wedi i'r ddwy dawelu a cheisio cadw wyneb syth.

"Eise trafod prisie da tewion, mae'n siŵr!" meddai'r benfelen. A dyma'r ddwy'n dechrau chwerthin eto.

Trodd Dafydd ei ben fwy fyth at yn ôl, a dyma fo'n cael pwl o boen, a'r fath gric yn ei war na chafodd o na chynt nac wedyn. Roedd o'n gwneud stumiau mawr i geisio cadw rhag gweiddi, ac yn graddol droi'n biws. Cyn iddo golli pob diddordeb yn y gwasanaeth a'r bobol oedd yn yr eglwys, y peth diwethaf a glywodd Dafydd oedd llais y ferch benfelen yn dweud,

"Dim heddiw diolch, cyw," ac ychwaneg o bwffian chwerthin.

Ar ei ffordd adref ar gefn ei geffyl dechreuodd Dafydd feddwl, yn lled boenus y mae'n rhaid cyfaddef, am beth oedd wedi digwydd. A dyma fo'n dechrau meddwl am linellau fel, 'Pla ar holl ferched y plwyf', a meddwl am ei 'Bengamu heb un gymar'. A dechreuodd wneud stori amdano'i hun yn methu cael dim hwyl arni efo'r merched yn yr eglwys. Fe adawodd i'w geffyl fynd wrth ei bwysau'n hamddenol braf, ac erbyn iddo gyrraedd adref roedd wedi cyfansoddi'r gerdd sy'n cael ei galw yn 'Merched Llanbadarn'.

"Mi wn i be wna i," meddai wrtho'i hun, "fe gana i hon pan fydda i yng Ngogerddan y tro nesa." A phan aeth o yno, fe wnaeth hynny. Fe gafodd Dafydd, a'r gerdd, groeso na fu ei debyg. A chafodd fwy o dâl nag a gafodd am yr un gerdd cyn hynny. Fe sylweddolodd Dafydd y gallai wneud mwy o hyn, sef canu i'w blesio ei hun, ac i blesio ei gynulleidfa.

Bangor
a thros y môr

Daeth neges oddi wrth ewyrth Dafydd, sef Llywelyn, yn dweud ei fod wedi trefnu iddo fynd at Ddeon eglwys gadeiriol Bangor, Hywel ap Goronwy. Felly dyma Dafydd yn trefnu i'w chychwyn hi am y gogledd. Roedd un o'r gweision wedi pacio dillad a bwyd iddo ac wedi clymu'r cyfan yn barsel ar du ôl i gyfrwy'r ceffyl. Roedd o, hefyd, wedi clymu bwa a saethau a chleddyf yn ddiogel wrth y ceffyl – pwy a wyddai na fyddai angen arfau os trawai ar bobol go gas, neu fod eu hangen ar gyfer hela. Gofalodd Dafydd ei hun am ei delyn. Roedd y daith o Lanbadarn i Fôn, lle'r oedd o am fynd yn y diwedd, yn daith o rai dyddiau. Roedd hi'n ddiwedd Ebrill pan gychwynnodd – Ebrill gweddol sych, fel roedd hi'n digwydd;

yn wir, pe bai wedi bod yn wlyb iawn ni fyddai wedi cychwyn. Y rheswm am hyn oedd fod yn rhaid iddo, wrth ddilyn hynny o ffordd oedd yna ar hyd y glannau, groesi sawl afon, a'r rheini'n amlach na pheidio'n rhai heb bontydd drostynt. Yr oedd o, wrth reswm, am aros am fwyd a llety un ai mewn plasau neu mewn tafarnau ar ei daith – er nad oedd y rheini ddim i gyd yn llefydd y buasai rhywun fel fo yn dewis aros ynddyn nhw. Yr afon gyntaf i'w chroesi oedd y Dyfi. Bu'n rhaid iddo fynd i fyny at Fachynlleth, ac yna ei gwneud hi am Lanwrin, a chael rhyd drwy'r afon yno. Yna, aeth yn ei flaen at afon Dysynni, wrth Tywyn ym Meirionnydd, croesi honno a mynd yn ei flaen at harbwr Bermo, talu toll yno i fynd ar y fferi, ac wedyn cyrraedd Llanbedr a chroesi afon Artro yn fan'no, cyn mynd yn ei flaen am Harlech.

Arhosodd Dafydd yno am damaid o ginio cyn ailgychwyn. Yr adeg honno roedd y môr yn dod dipyn yn uwch nag y mae o rŵan. Fel yr âi yn ei flaen ar hyd ochr y llechwedd coediog gan edrych allan at y morfa, roedd o'n hel meddyliau: doedd o ddim wedi ei blesio gan y ddwy eneth yn eglwys Llanbadarn, er iddo geisio gwneud hwyl o'r peth, ac am hynny y meddyliai wrth ymlwybro'n ei flaen. Yna, yn annisgwyl, fe welodd glamp o lwynog coch yn eistedd wrth gruglwyth o gerrig, ac yn edrych arno'n   *heap* ddigywilydd a disymud. Safodd y ceffyl.

"Bw!" gwaeddodd Dafydd.

Trodd y llwynog ac edrych yn ddirmygus arno â'i ddau lygad yn fflam, ac fe allai Dafydd daeru ei fod yn dechrau gwenu, gan ddangos ei ddannedd gwynion a'i dafod goch.

Gwaeddodd Dafydd yn uwch, "Ffwr' ti, y mwnci hyll."

Cododd y llwynog, ymestyn, agor ei geg yn fawr goch, ac yna eistedd eto; y tro yma gan wynebu i gyfeiriad gwahanol.

68

"Iawn 'te," meddai Dafydd, "os mai fel'na y mae'i dallt hi, aros di am funud."

Daeth oddi ar ei geffyl, ac estyn ei fwa a'i gawell saethau. Edrychai'r llwynog arno gyda rhyw ddiddordeb ffroenuchel.

"Aros di 'ngwas i," meddai Dafydd gan roi saeth ar linyn ei fwa, wedyn tynnu hwnnw at ei foch. *Clec!* Roedd y bwa'n ddarnau, a'r llwynog – fe allai Dafydd daeru – yn chwerthin, gan edrych arno gyda thrueni. Gwylltiodd ein bardd a gafael mewn carreg a'i thaflu at Meistr Madyn – a methu ei daro. Dyna roedd hwnnw'n ei ddisgwyl. Ond, heb unrhyw frys, dyma fo'n codi eto, agor ei geg, a mynd oddi yno gan gerdded yn fwriadol a dirmygus o araf. Cyrhaeddodd ben y cruglwyth cerrig, yna trodd ac edrych eto ar Dafydd, gwenu'n nawddoglyd, a diflannu.

Erbyn hyn roedd Dafydd yn gandryll – roedd wedi taro ar y llwynog mwyaf digywilydd yng ngwledydd Cred, ac roedd ei fwa wedi torri, "Pan ga i afael ar y dyn-bwâu yna wnaeth hwn, fe ro i dro yn ei gorn e," meddai'n filain wrtho'i hun. Ond fel yr âi yn ei flaen fe ddechreuodd weld ochor ddigri'r digwyddiad, a daeth ambell linell i'w feddwl.

"Llwynog: Gŵr yw ef a garai iâr," meddai. "Caru iâr, ie, a beth arall? Wel pob math o aderyn gwirion a phob math o ffowlyn, sef, A choeg edn, a chig adar:

> Gŵr yw ef a garai iâr,
>
> A choeg edn, a chig adar."

Dychmygodd sefyllfa lle'r oedd o allan yn disgwyl am ei gariad, ac yn gweld llwynog tebyg i'r un yr oedd o newydd ei weld, a'i fod o wedi ceisio saethu ato, a'i fwa'n torri. Yna dechreuodd feddwl am ychwaneg o ffyrdd i ddisgrifio neu ddyfalu'r llwynog, a daeth llinellau fel, 'Llamwr bryn, lliw marworyn' iddo. Erbyn iddo gyrraedd Talsarnau roedd ei gywydd yn dechrau siapio. Ychydig ymhellach ymlaen fe groesodd y Traeth Bach a'r Traeth Mawr – ar drai, wrth reswm – a chyrraedd ochrau Dolbenmaen. Erbyn iddo gyrraedd i Bontllyfni, roedd wedi gorffen ei gywydd i'r llwynog. Croesodd afon Llyfni. Draw ag o am Gaernarfon wedyn, ac yna i Fangor, i dŷ Deon yr Eglwys gadeiriol yno.

Wedi cyrraedd cafodd groeso, fel y câi beirdd, ac yn enwedig efô, am fod sôn amdano, ac am ei fath newydd o ganu, wedi cyrraedd y gogledd, ac roedd ewyrth Dafydd, Llywelyn, wedi anfon gair yno i ddweud wrthyn nhw am ddisgwyl bardd arbennig iawn. Ar ôl cael stablu ei geffyl a chael bwyd, bu Dafydd a Hywel yn sgwrsio. Roedd Hywel yn ŵr talgryf, cadarn, a rhywbeth ynddo oedd yn atgoffa Dafydd o eryr. Doedd hwn ddim yn ddyn i neb fod yn rhy hy arno. Ond, gyda Dafydd roedd o'n glên iawn. Un rheswm am hynny oedd fod ganddo ddiddordeb mawr mewn barddoniaeth.

"Ac rwyt ti bellach yn Ddisgybl Pencerddaidd?" gofynnodd Hywel.

"Ydw," atebodd Dafydd.

"Mi fu dy ewyrth yn brysur felly – er, roedd o'n dweud nad oedd dy ddysgu di ddim yn drafferth yn y byd."

"Wel, roeddwn i'n cael y cyfan yn ddigon diddorol," meddai Dafydd.

"Ac am hynny roedd y dysgu'n hawdd," meddai Hywel.

"Oedd am wn i," meddai Dafydd. "Ond y cam nesaf fydd yr un anhawsaf – codi i radd Pencerdd."

"Ddim yn hawdd i rai, ond ddylet ti ddim cael unrhyw drafferth, os ydi hanner yr hyn rydw i wedi'i glywed amdanat ti'n wir."

"Diolch," meddai Dafydd. "Rydw i'n deall eich bod chi am roi hyfforddiant imi."

"Rhywfaint ynte, rhywfaint; ond mi drefnwn ni iti gael dy ddysgu. Wedi iti gael dy draed danat yma, mi awn ni draw i Berffro – Aberffraw i ti," meddai Hywel. "Mi wn i am ddigon o feirdd ym Môn i roi help llaw iti."

Y dyddiau wedyn fe fu Dafydd yn crwydro o gwmpas Bangor, a chymryd diddordeb yn y gwartheg a ddygid o Fôn at ymyl yr eglwys gadeiriol, cyn cael eu gyrru ymlaen i wahanol lefydd i gael eu gwerthu. Fe gymerodd ddiddordeb arbennig yn yr eglwys ei hun, eglwys Deiniol. Roedd hi wedi ei gwyngalchu ac, oherwydd hynny, yn adeilad amlwg iawn yn nyffryn afon Adda, a lifai heibio iddi i'r môr yn Hirael. Dangosodd Hywel iddo yr organ newydd yng nghôr yr eglwys, wedi ei phrynu trwy gyfraniadau plwyfolion, yn enwedig y rhai mwyaf cefnog. Dôi pobol o gryn bellter yno i'w gweld a'i chlywed. Yn wir, gallai Hywel ganu'r organ gan greu synau yr oedd rhai yn eu hoffi.

Ar y Sul fe wisgodd Hywel ei wisg ac arni ymyl o ffwr ermin, ac aeth Dafydd gydag o i'r gwasanaeth. Roedd y lle dan ei sang. Y rheswm am hynny oedd fod drama-firagl yn cael ei chyflwyno yno, 'Hanes Noa'. Ar ôl gwasanaeth byr, daeth yr actorion ymlaen, dwsin ohonyn nhw, a'r dwsin yn mynd i chwarae amryw rannau. Roedd yr un oedd yn actio Noa wedi'i wisgo fel mynach ac yn cario plencyn a morthwyl, ac roedd y dyn oedd yn actio ei wraig yn gwisgo brat ac yr oedd ganddo bentwr o flew ceffyl ar ei ben, i ddangos mai gwraig oedd o. Roedd y ddau yma ar yr ochor dde ym mlaen yr eglwys. Ar yr ochor chwith roedd yr actorion eraill, yn eu dillad bob dydd, ac yn chwerthin am ben Noa. Dechreuodd Noa ddyrnu'r pren efo'r morthwyl.

ACTOR 1:   A! Noa, a wyt yma
            Am droi yn saer yn awr?

NOA: Rwyf fi yn saer yn fa'ma
            Yn disgwyl tywydd mawr.

ACTOR 2:   A wyt am godi caban
            Yn gysgod rhag y glaw?

NOA: Na, gwneud rhyw arch yr ydwyf,
            Rhag ofn y glaw a ddaw.

ACTOR 3:   Ond nid yw hi yn bwrw,
            Mae'r haul yn tw'nnu'n braf.
            A does 'na neb yn gwneuthur
            Arch yn gysgod glaw.

NOA: Nid arch ar gyfer claddu
            Yw arch fel hyn i fod,
            Ond arch a fydd yn nofio
            Ar ôl i'r dilyw ddod.

ACTOR 4:   Pa beth yw hyn am ddilyw
            A hithau'n boeth fel tân,
            Yr wyt yn awr yn methu,
            Ac yn ei methu'n lân.

AR HYN Y MAE'R ACTORION AR Y CHWITH YN CHWERTHIN: Ha, ha, ha.

GWRAIG NOA: Yr ydych chwi yn wirion,
Yn wirion bost yn siŵr,
A chyn bo hir fe fyddwch
Yn wlyb o dan y dŵr.

ACTOR 5:   Yn wlyb yr wyt yn dwedyd,
Yn wlyb o dan y dŵr,
Na fyddwn, rwyf yn dwedyd,
Ac y mae hyn yn siŵr.

ACTORION AR Y CHWITH YN CHWERTHIN ETO: Ha, ha, ha, ha.

NOA, GAN DDYRNU'R STYLLEN BREN YN EGR:
Chwerthwch fel y mynnwch,
Ond yr wyf fi yn awr
Newydd orffen gwneud fy arch
Ar gyfer tywydd mawr.

YMA, Y MAE UN O'R ACTORION AR Y CHWITH YN ESTYN YSTOL A'I GOSOD AR UN
O GOLOFNAU'R EGLWYS YN Y BLAEN, YNA Y MAE'N ESTYN PISER, YN DRINGO'R
YSTOL AC YN TAFLU DAFNAU O DDŴR AM BEN YR ACTORION AR Y CHWITH.

ACTOR 1:   Mae hi'n awr yn pigo bwrw.

ACTOR 2:   Pigo! Na, mae'n bwrw'n arw.

ACTOR 3:   Tybed, wir, ai peth fel hyn
Ydyw dechrau dilyw?

ACTOR 1:   Wrth weld diferyd mawr y glaw
            Y mae yn fy nghalon fraw.
            Fe ddaw glaw fel hyn â thrwbwl:
            Efallai nad oedd Noa
            Mor wirion wedi'r cwbwl!

YR ACTORION AR Y CHWITH YN RHEDEG YMAITH I'R CHWITH.

NOA: Wel, cariad, mae hi'n dechrau;
            Y mae y glaw yn dod,
            Dos di i nôl yr hogiau,
            Y gorau sydd yn bod.

GWRAIG NOA: Lle'r wyt ti Sem, lle'r wyt ti Cham,
            A lle y mae o, Jaffeth?
            Dowch, dowch, a'ch gwragedd hefyd,
            Neu byddwch chwi mewn trafferth.

DAW TRI O'R ACTORION A OEDD AR Y CHWITH I MEWN, O'R DDE Y TRO HWN, A
MYND I MEWN I GÔR YR EGLWYS, GAN ACTIO MEIBION NOA.

NOA: Rhaid yn awr yw galw
            Y creaduriaid oll,
            Bob dau a dau ohonynt
            I'w cadw yn ddi-goll.
            O, wraig, a wnei di alw
            Y defaid bychain, tlws

A'u stwffio nhw yn fa'ma
I mewn i'r arch drwy'r drws.

GWRAIG NOA: O ddefaid, defaid bychain,
O ddefaid bychain, tlws,
Dowch yma i fa'ma ar unwaith
A stwffiwch drwy y drws.

DAW DAU O'R ACTORION ALLAN AR Y DDE GAN FREFU: Me, me, me.
A MYND I MEWN I GÔR YR EGLWYS.

NOA: O wraig, yn awr y ceirw
Ysydd i fynd i mewn,
O cwyd dy lais a galw
Ar iddynt ddod yn ewn.

GWRAIG NOA: O geirw, geirw dowch mewn parch
A stwffiwch chwi i mewn i'r arch.

YMDDENGYS DAU ACTOR O'R DDE, YN DAL CANGHENNAU AR EU PENNAU, GAN
WNEUD SŴN DWFN: U, U, U, U.
YNA ÂNT I MEWN I GÔR YR EGLWYS.

NOA: Yn awr, fy ngwraig, o galwa
Y nadroedd bob yn ddwy.

GWRAIG NOA: O, Noa'n wir nid ydwyf
Yn hoffi'r rhain o gwbwl.

> Mi adwn ni y rhain ar ôl
> Ac arbed lot o drwbwl.

NOA: Na, na, fy ngwraig, rhaid galw
                         Y nadroedd fel pob un.

GWRAIG NOA: Ond alwa i mohonynt,
                         Galwa nhw dy hun.

NOA: O, nadroedd, nadroedd
                         Dowch yn awr,
                         Ac ewch i mewn yn fa'ma
                         Gan lithro hyd y llawr.

DAU O'R ACTORION YN DOD O'R DDE GAN SIGLO FEL COBRAS:
S, Ss, a Sss.

Ac fel yna yr aeth y ddrama ymlaen gan orffen gyda'r actorion yn canu, yn ddigyfeiliant:

> Daethom drwy y dyfroedd,
> Y dyfroedd gwlybion mawr,
> I ddechrau byw o'r newydd
> Ein bywyd ar y llawr.

Roedd Dafydd wedi 'laru braidd ar y ddrama erbyn tua hanner y ffordd drwodd ac, yn ôl ei arfer, wedi dechrau edrych o'i gwmpas. Yn sefyll, yn mwynhau'r cyfan, gwelodd eneth ifanc fechan, efo gwallt melyn, mawr, gloyw – roedd digon ohono i'w weld o dan ei phenwisg – ond aeliau tywyll. Aeth poen o gariad fel saeth i'w galon. Doedd o erioed yn ei fywyd wedi teimlo fel hyn o'r blaen. Fel bardd, dechreuodd feddwl am ferched tlysion hen hanes a chwedlau, rhai fel Fflur ac Esyllt, ond meddyliodd, "Allai'r un ohonyn nhw ddal cannwyll i hon." A daeth y llinell hon i'w feddwl: "Gorffwyll am gannwyll Gwynedd". Fe fu'n corddi drwy weddill y gwasanaeth, a phan ddaeth hwnnw i ben, o'r diwedd, fe symudodd tuag at y ferch. Roedd hi yno gyda'i thad. Daeth Hywel at Dafydd, a throdd at dad y ferch a gofyn,

"Wedi dod o bell?"

"O Feirionnydd, heb fod ymhell o Ddolgellau," atebodd yntau.

"Hywel ydi f'enw i."

"Fe wn i hynny. Mae pawb yn adnabod Deon Bangor," meddai tad y ferch. "Madog ydi f'enw innau. A dyma Morfudd, fy merch."

"A dyma Dafydd o Lanbadarn, bardd."

Safai Dafydd yn fud, a bu'n rhaid i Hywel roi hwb iddo i'w gael i ddweud rhywbeth. "Yma i gael hyfforddiant," meddai Dafydd. "Mae'n dda gen i eich cyfarfod."

Gwahoddodd Hywel Madog a Morfudd i gael pryd o fwyd. A llamodd calon Dafydd wrth glywed Madog yn derbyn y gwahoddiad yn llawen.

Wrth y bwrdd bwyd amser cinio, roedd Dafydd yn wên i gyd, ac yn gwneud ati i geisio creu argraff dda ar Forfudd.

"Be oeddech chi'n ei feddwl o'r chwarae?" gofynnodd i Forfudd.

"Roedd o'n rhoi syniad da i rywun o sut beth oedd y dilyw," meddai Morfudd. "Roeddwn i wedi clywed am y peth o'r blaen."

"Ac wedi gweld llun ohono mewn ffenest eglwys yn y Mers," meddai Madog.

"O ie," meddai hithau, "ond llun hyll iawn oedd hwnnw."

"Ydych chi'n dod ffor'ma'n amal – o'ch dau?" gofynnodd Dafydd.

"O bryd i'w gilydd, ac os bydd hi'n ffit o dywydd," meddai Madog. "Ar rai adegau mae'r ffordd yn byllau digon dwfn i lyncu ceffyl ac, wrth gwrs, mae eisio croesi afonydd."

"Oes," meddai Dafydd, "fe sylweddolais i hynny wrth deithio yma o Lanbadarn. Ond, wrth lwc, doedd dim llifogydd."

"Dyna'r drafferth wrth inni fynd i Ynys Môn," meddai Hywel, "mae eisio croesi'r Fenai. Mi all fod yn ddigon peryg. Fe gollwyd hanner dwsin o ddynion y gaea diwethaf. Un drwg ydi, os bydd hi'n dywydd mawr a dynion fferi Biwmares yn rhy gysurus yn rhai o dafarnau'r dre, yna ddown nhw ddim allan. Mae hi'n wirioneddol beryglus wedyn… Ydych chi'n nabod teulu Nannau?" gofynnodd i Madog.

"Mi ddylwn i," atebodd hwnnw, "rydym ni'n rhan o'r teulu."

"A lle'r ydych chi'n byw?" gofynnodd Dafydd. "Yn Nolgellau?"

"Nage," atebodd Madog. "Ar hyn o bryd rydym ni'n byw yn Eithinfynydd, heb fod ymhell o Lanuwchllyn. Ond bydd rhai ohonom yn mynd i Hafod Oer, uwchlaw Dolgellau, yn yr haf."

"Fe fûm i yn y Bala unwaith," meddai Hywel. "Codi i fyny trwy goedydd Maentwrog a gwneud ein ffordd wedyn trwy Gwm Prysor, cyn bwrw ymlaen am y Bala. Taith galed: fe gawsom ni law mawr ar y daith, rydw i'n cofio'n iawn."

"Mae Abaty Cymer yn Nolgellau on'd ydi," meddai Dafydd.

"Ydych chi ddim yn ŵr eglwysig o ryw fath?" holodd Madog.

"Brenin annwyl, nac ydw i," meddai Dafydd fel ergyd.

"Fel roeddwn i'n dweud, bardd ydi Dafydd," meddai Hywel.

"Beth am gerdd, 'te?" holodd Morfudd, gan edrych yn herfeiddiol.

"Cofia y bydd yn rhaid iti dalu!" meddai ei thad, dan wenu.

"Mae Dafydd yn canu ar fesur newydd, cywydd," meddai Hywel.

"Cywydd!" meddai Morfudd. "Pa fath fesur ydi hwnnw?"

"Anodd," meddai Dafydd. "Mesur o benillion dwy linell ydi e."

"Ddim mor anodd ag awdl?" holodd Madog.

"Dydi awdlau ddim mor anodd â hynny," meddai Dafydd. "A, phrun bynnag, mae pob athro da'n dysgu ei ddisgybl i ganu awdlau."

"Chi ddyfeisiodd y mesur newydd yma?" holodd Madog.

"Wel… ie," meddai Dafydd.

"Gawn ni glywed cywydd 'te?" gofynnodd Morfudd.

"Iawn," meddai Dafydd.

"A phwy ydych chi am ei foli?" holodd Madog.

"Neb," meddai Dafydd.

"Neb! Be ydych chi am ei wneud 'te?" holodd Madog eto.

"Fe ddweda i stori," meddai Dafydd, "ar gân, wrth gwrs."

Dyma fo'n codi oddi wrth y bwrdd a mynd i nôl ei delyn. Erbyn hyn roedd y gweision a'r morynion wedi hel i'r neuadd. Ar ôl cymryd ei le ym mlaen y neuadd, dywedodd Dafydd, "Cywydd ydi hwn i'r Llwynog."

Dechreuodd daro'r tannau ac yna ganu cân ddychmygol am y llwynog a welodd cyn cyrraedd Talsarnau. Gorffennodd gan ddisgrifio'r llwynog fel:

"… llamwr eithin,

Llewpart â dart yn ei din."

Dyma pawb yn chwerthin dros y lle a churo dwylo.

"Mae hyn gryn dipyn yn well na'r stwff arferol yna rydym ni'n ei gael gan y beirdd 'ma," meddai un forwyn wrth y llall. Roedd Morfudd, hithau, wedi ei phlesio'n arw. Hon oedd y gân fwyaf difyr iddi ei chlywed. Gofynnodd hi i Hywel y Deon a gâi hi glywed y gerdd eto, a dechreuodd pawb arall ofyn, "Os gwelwch yn dda, os gwelwch yn dda." Doedd dim rhaid perswadio Dafydd, ac fe ganodd ei gywydd yr ail waith.

Erbyn yr amser i Forfudd a'i thad feddwl am ymadael i fynd rhan o'r ffordd erbyn y nos, roedd Dafydd a hithau wedi bod yn sgwrsio cryn dipyn â'i gilydd, a Dafydd wedi gofyn a gâi alw heibio i'w chartref ryw ben.

"Wrth gwrs," meddai Morfudd gan wenu'n bryfoclyd.

"Fe awn ni i Berffro heddiw," meddai Hywel wrth Dafydd. "Mae hi'n ddiwrnod digon llonydd i groesi'r Fenai.

Roedd yna fwy nag un fferi'n croesi o Arfon i Fôn, ond yr oedd gan Esgob Bangor ei fferi ei hun a groesai o Borthesgob, ac ar y fferi honno y croesodd Hywel a Dafydd, a mynd wedyn trwy Rosyr, a oedd wedi ei ailenwi yn Niwbwrch. Wedyn rhaid oedd osgoi cors Malltraeth, rhydio afon, cyn dod i faenor Aberffraw. Teimlai Dafydd hi'n fraint o fod yno. Yma, meddyliodd, yr oedd prif lys tywysogion Gwynedd, a llys Llywelyn y Llyw Olaf. Roedd yno ddau neu dri o feirdd yn Aberffraw. Un ohonyn nhw oedd Gruffudd Gryg –

roedd y 'Cryg' yn disgrifio ei lais, ond roedd yn amlwg nad oedd hynny'n amharu ar ei allu i ganu cerdd ar lafar. Cytunwyd fod Dafydd i gael hyfforddiant, gydag eraill, yn y faenor. A dyna a ddigwyddodd. Fe dreuliodd wythnosau yno ac, yn y man, fe'i dyrchafwyd yn Bencerdd. Yn ddiweddarach, bu Dafydd a Gruffudd Gryg yn dadlau â'i gilydd mewn cywyddau, a Gruffudd yn honni fod iddo fo fwy o barch yn Aberffraw na 'bardd o'r De'.

Tra y bu o ym Môn fe âi Dafydd i grwydro. Roedd o'n hoff iawn o Niwbwrch, ac fe gâi groeso mawr yno. Roedd yno bobol hael, gwleddoedd da, a digon o ddiod: roedd o'n bantri da o le. Ar Ddydd Gŵyl Bedr, sef 29 Mehefin, roedd o yno gyda gwas o Aberffraw. Gan ei bod hi'n ŵyl roedd y lle'n llawn o bobol, yn mwynhau'r heulwen yno, ddim ymhell o'r môr. Fe ddigwyddodd Dafydd weld, yn ôl ei arfer, ferch eithriadol o brydferth; ei gweld a'i ffansïo. Ond nid efô oedd yr unig un oedd wedi ei gweld ac wedi ei ffansïo; roedd llond y lle o gariadon gobeithiol. I geisio creu argraff ffafriol arni, dyma Dafydd yn gorchymyn i'r gwas: "Weli di hon'na? Dilyna hi i weld lle y mae hi'n mynd, ac wedyn tyrd yn ôl ata i i'r dafarn hon."

"Iawn," meddai'r gwas.

Ar ôl mynd i'r dafarn, "Gwydraid o'ch gwin gorau un chi," meddai Dafydd.

"Mae o'n ddrud, 'chi," meddai'r tafarnwr – roedd o wedi gweld rhai fel hyn o'r blaen, yn gofyn am win drud na allen nhw ei fforddio. Rhoddodd Dafydd ddarnau o arian ar y bwrdd.

Wrth weld hyn fe newidiodd y tafarnwr ei dôn, "Wrth gwrs, wrth gwrs, ar unwaith," meddai. "Rhywbeth arall y galla i ei wneud ichi?"

"Gwydraid o'r gwin i ddechrau," meddai Dafydd. Ac fe'i cafodd. A gwin da oedd o hefyd.

"Yr holl ffordd o Ffrainc, w'chi," meddai'r tafarnwr.

Yna fe gyrhaeddodd y gwas yn ei ôl. "Fe gymera i ddau alwyn o hwn," meddai Dafydd wrth y tafarnwr, gan ddangos y gwin yn ei wydr.

"Dau alwyn, ddwetsoch chi? Ar unwaith, ar unwaith," meddai hwnnw ac estyn llestr a thywallt y gwin iddo o gasgen. Talodd Dafydd.

"Nawr 'te," meddai Dafydd wrth ei was, "dos â hwn i'r ferch a welsom ni gynnau, a dyma'r hyn rwyt ti i fod i'w ddweud wrthi; gwranda'n ofalus: 'Henffych, o ferch wych, mae fy meistr am iti dderbyn yr anrheg hon, O arglwyddes annwyl, hardd.' Ac os gofynnith hi pwy ydw i, yna rwyt ti i 'nghanmol i i'r cymylau fel bardd serch."

Fe aeth y gwas, ac wedi cael mynediad i'r tŷ, dywedodd wrth y ferch y geiriau yr oedd Dafydd wedi eu dysgu iddo. Yna cynigiodd y llestr gwin iddi, a chymerodd hithau o.

"Ydw i i fod i dy nabod di, was? A phwy ydi dy feistr beiddgar di?" gofynnodd y ferch.

"Dafydd ydi o, bardd llawn o gariad. Mae o'n adnabyddus trwy Wynedd i gyd, a Chymru, a phawb yn sôn amdano fo," atebodd y gwas.

"Dafydd, Dafydd be? Be wn i am unrhyw Ddafydd – os nad Dafydd Ddig'wilydd!" meddai'r ferch, ac yna cododd ei llais, "Weision, taflwch hwn allan." Yna fe gododd y llestr, ei agor, a chyda gofal manwl, ei dywallt am ben y gwas. Fe brofai hwnnw'r gwin fel y rhedai i lawr ei wyneb ac, fel yr oedd o'n cael ei daflu allan gan weision y ferch, roedd yntau hefyd o'r farn fod y gwin yn un da iawn.

Aeth yn ôl i'r dafarn. "Be ddigwyddodd iti?" gofynnodd Dafydd, yn enwedig wrth ei weld yn wlyb. Esboniodd y gwas. Bu Dafydd yn dawel am funud, ond yn y tawelwch hwnnw roedd ei wyneb o'n troi'n wawr anarferol o biws.

"A phwy y mae hi yn ei feddwl ydi hi," stemiodd y bardd, "yn codi cywilydd fel hyn arna i! Dydi hi, er gwaethaf ei dillad drud, ddim yn haeddu dafn o win. 'Tawn i'n gwybod mai fel hyn y byddai hi, fe gâi hi – y ferch brydferthaf yng Ngwynedd, wir! – fynd at Einion Dot, y bythathgi hwnnw, i dŷ potes."

"Gwydraid arall o win?" gofynnodd y tafarnwr, gyda diplomateg eliffant.

"Gwin. Gwin!" meddai Dafydd. "Tyrd â slops claear, budur a ffiaidd, imi; mae hynny'n ddigon da i'r… i'r… " Yma fe drawyd prif fardd Cymru gan ddiffyg geiriau.

"I'r wylan deg ar lanw?" meddai'r gwas, gan gynnig iddo un o ymadroddion arferol Dafydd am ferched, ond gan gamfarnu'r achlysur yn o enbyd. Fel roedd o'n gorffen dweud ei bwt tywalltodd Dafydd y gweddill o'i win yntau am ei ben.

"Mae'n glawio bendithion heddiw," meddai'r gwas, gan lyfu ei weflau, am yr ail dro y bore hwnnw.

Morfudd,
Dyddgu, ac Ifor

Roedd Dafydd wedi gofyn a gâi gyfarfod Morfudd. Ac fe gafodd. Syrthiodd y ddau mewn cariad dwfn â'i gilydd, a chanodd Dafydd lawer o gywyddau iddi. Yn rhai ohonyn nhw mae popeth yn ddymunol a braf: mae hi'n haf, a Dafydd gyda Morfudd yn y coed – ei "dŷ dail" chwedl yntau – mae'r adar yn trydar, ac y mae o a hithau'n ifanc ac yn caru. Neu y mae'r ddau ym Meirionnydd, mewn lle o'r enw Hafod Oer, uwchben Dolgellau, ym mreichiau ei gilydd. Fe fu'r llawenydd hwn yn rhan o fywyd Dafydd am y gweddill o'i oes, ond, gyda'r blynyddoedd, fe drodd yn boen. Fe drodd yn boen oherwydd i Forfudd briodi rhywun arall. A wnaeth hi hyn yn fodlon, ni wyddai

Dafydd, oherwydd tua saith gan mlynedd yn ôl roedd priodasau pobol fawr yn cael eu trefnu gan eu teuluoedd. Sut bynnag, fe briododd hi ŵr o'r enw Cynfrig Cynin, neu y Bwa Bach yn ôl ei lasenw. Ac fe fu'r ddau fyw yn Llanbadarn, man cartref Dafydd, o bob man. Ym marddoniaeth Dafydd fe dyfodd hwn yn ŵr annymunol iawn yr oedd o'n ei alw yn Eiddig. Hyd yn oed ar ôl i Forfudd briodi, roedd Dafydd yn dal i'w gweld hi o bryd i'w gilydd; weithiau fe fyddai hi'n glên, ac weithiau ddim. Er i Dafydd garu, neu geisio caru, amryw o ferched eraill, fe fu Morfudd yn boen ac yn bleser iddo trwy gydol ei fywyd. Fe greodd o lawer o straeon amdano fo'i hun a Morfudd ac Eiddig.

Un noson, roedd Dafydd, meddai o, wedi penderfynu mynd i geisio gweld Morfudd i dŷ Eiddig. Ond doedd Eiddig ddim yn dwp, ac roedd o wedi dod i ddisgwyl rhyw ymweliadau fel hyn gan y niwsans yna o fardd oedd yn byw'n llawer iawn rhy agos ato fo. Felly dyma'r hyn yr oedd Eiddig wedi'i wneud: cael y ci mwyaf annymunol a welsoch chi yn eich byw. Nid yn unig yr oedd y ci yma'n hyll ac yn wyllt, ond roedd o'n cael ei

gadw mewn cwt mochyn, i wneud yn siŵr ei fod o'n ffiaidd o fudur. Wedyn roedd
Eiddig yn sicrhau nad oedd neb yn iro colyn drws y tŷ, ac am nad oedd irad arno
roedd o'n gwneud y sŵn mwyaf melltigedig pan oedd o'n agor, ac am hynny roedd
o'n gweithio fel larwm. Fel 'tai hyn ddim yn ddigon roedd ganddo fo wrach o forwyn
chweinllyd ac afiach oedd yn methu cysgu am ei bod hi'n ei chrafu ei hun trwy'r nos.

verminous

Am ei bod hi'n methu cysgu roedd hithau'n gwybod os byddai rhywun o gwmpas y tŷ.
Ond wyddai Dafydd ddim byd am y tri hyn, a dyna lle'r oedd o'n dynesu at y tŷ, ac yn
rhyw chwibianu'n isel iddo'i hun pan neidiodd y ci o'i flaen gan ruo fel llew a sgyrnygu *snarl*
fel lli gron. Ac fel lli gron yr aeth y ci trwy fantell y bardd nes ei bod hi'n racs gyrbibion.
I ffwrdd â Dafydd am ddrws y tŷ, gwthio hwnnw nes ei fod o'n clegar fel gwyddau. Yr
oedd o, erbyn hyn, yn y gegin. A phwy a welai o yn fan'no, yng ngolau gwan cannwyll,
ond y wrach grafog o forwyn. Dyma hithau, hefyd, yn ei weld yntau, a fuasai neb yn
gallu dweud pwy oedd wedi dychryn fwyaf. Ond yr un cyntaf i ddatgan ei dychryn
oedd y wrach. Mewn llais fel colsyn o dan ddrws, neu sgriffiad sialc ar fwrdd du dyma
hi'n dechrau gweiddi, "Mistar, mistar, drws yn agor, ci yn cyfarth." Aeth Dafydd oddi
yno fel bollten, a ddaru o ddim aros nes ei fod o'n ddigon pell oddi wrth y tŷ. Roedd
o'n teimlo rhyddhad nad oedd o wedi cael ei ddal, ond yr oedd o hefyd yn teimlo'n
gynddeiriog am nad oedd o wedi gweld Morfudd. A dyma fo'n rhoi cic iawn i wal oedd
yn ymyl – ond wnaeth hynny ychwaith ddim llawer o les iddo fo. Yna fe gloffodd yn
ei flaen nes dod i goed, ac yn fan'no y dechreuodd o deimlo'n well.

Gan fod Dafydd yn canu am ei gariad at Forfudd mor aml, roedd yna lawer o bobol
yn gwybod am eu serch. Tra oedd llawer yn hoffi clywed y canu am ei gariad, ac am ei
helyntion, doedd eraill ddim yn hidio am hyn o gwbwl – rhai gwŷr eglwysig, yn enwedig.

Un diwrnod braf roedd Dafydd yn crwydro pan welodd o nifer o bobol o gwmpas eglwys. Erbyn holi, deallodd fod yno Frawd Llwyd, un o Urdd Sant Ffransis, ac roedd y bobol yno, yn ôl arfer Pabyddion, i gyffesu eu pechodau.

"Waeth i minnau gyffesu hefyd," meddai Dafydd.

Ymhen tipyn, i mewn ag o i'r eglwys.

"Henffych, frawd," meddai Dafydd.

"Henffych i tithau," meddai'r brawd.

"Ar grwydyr yr wyt ti?" gofynnodd Dafydd.

"Ie," meddai'r brawd, "yn dlawd, yn ôl gorchymyn Sant Ffransis. Dywed i mi, un o ffor'ma wyt ti?"

"Nage," meddai Dafydd. "Brogynin."

"Nid Dafydd ydi d'enw di?" gofynnodd y brawd.

"Ie," meddai Dafydd, "ap Gwilym."

"Rydw i wedi clywed amdanat ti, ti a dy gerddi," meddai'r brawd.

"O," meddai Dafydd.

"Hawdd y gelli di ddweud 'O'," meddai'r brawd. "Fe fuasai'n rheitiach iti ddweud 'Gwae'."

"Pam?"

"Am ganu fel yna i ferched, a phrydferthwch. Mae pob merch yn mynd i fod yn hyll; mae pob cnawd yn mynd i bydru. Fe fuasai'n rheitiach i ti roi'r gorau i dy gywyddau gwirion, a rhyw ffwlbri felly, a gosod dy feddwl ar bethau mwy tragwyddol. Yn uffern ar dy ben y byddi di os deli di ati fel hyn."

"Wyt ti'n meddwl mai rhywun tebyg i ti ydi Duw, wedi crino ac ymroi i gondemnio prydferthwch a chariad?"

"Prydferthwch dros dro, a budreddi."

"O'r gorau," meddai Dafydd, "os wyt ti'n condemnio merched, beth am y Forwyn Fair, a siawns nad oedd gen tithau fam: wyt ti am eu condemnio nhw hefyd?"

"Canu'r fall ydi dy ganu di."

"Ond mae 'nghanu i'n gwneud pobol yn llawen. Mae gen i gystal hawl i ganu ag sy gen tithau i bregethu. Sut bynnag, math o ganu ydi emynau. Gwahanol fathau o bethau ydi cywyddau ac emynau. Ac y mae yna amser i bob peth – amser i weddïo a phregethu, yn yr eglwys; ac amser i fod yn llawen, mewn gwleddoedd."

"Anwiredd, anwiredd ydi dy ganu di."

"Anwiredd! Ffordd o fod yn llawen ydi 'nghanu i."

"Anwiredd."

"Beth bynnag ddwedi di, rydw i am ddal i ganu, a hyd nes y bydd yn well gan ferched Gwynedd glywed paderau rydw i am ddal i ganu 'nghywyddau. Dydd da."

A dal i ganu ei gywyddau, a dal i garu Morfudd a wnaeth Dafydd. Ond o ddrwg i waeth yr aeth pethau rhwng Dafydd ac Eiddig. Ei diwedd hi fu i hwnnw lwyddo i yrru Dafydd o Lanbadarn, dros dro. Fe aeth i Ddyfed, i ddechrau, at ei ewyrth i'r Ddôl Goch. A beth wnaeth o yn fan'no ond syrthio mewn cariad eto. Rŵan, efallai fod hyn dipyn yn gymhleth, ond fel hyn yr oedd hi: er bod Dafydd wedi syrthio mewn cariad eto, roedd o'n dal i garu Morfudd a, hefyd, yn dal i roi cynnig arni gyda merched eraill! Heb fod ymhell o'r Ddôl Goch yr oedd lle o'r enw Tywyn. Yn fan'no roedd yna uchelwr yn byw o'r enw Gruffudd ap Llywelyn. Byddai Dafydd yn galw yno, yn canu yno, ac yn cael croeso yno. Roedd gan yr uchelwr hwn ferch, merch hardd iawn, o'r enw Dyddgu.

Roedd hon yn wahanol iawn i Forfudd. Gwallt du iawn ac aeliau duon iawn oedd ganddi, a chroen gwyn, yn union fel yr hoffai beirdd – fel ewyn ton, fel eira, ac yn y blaen. Dechreuodd Dafydd ganu cywyddau iddi hithau, ond doedd o ddim yn meddwl fod ganddo fawr o siawns ei chael hi'n gariad am ei bod hi'n urddasol iawn. Ond roedd o am obeithio'r gorau: fe ddadleuodd â chyfeillion a ddywedai ei bod hi'n rhy dda iddo drwy ddweud fod aderyn bach fel y dringhedydd yn gallu dringo i ben coeden; a bod llongwyr yn gallu mynd yn ddiogel dros ddyfnderoedd y môr mewn llong dila; a bod saethwr yn gallu taro'r targed efo ambell saeth – un o gant – ac, os oedd y rhain yn gallu llwyddo, roedd ganddo yntau obaith o lwyddo hefyd. Soniodd am ei hiraeth amdani, a soniodd – fel yr oedd yn dueddol o wneud – am boenau serch fel gwaywffyn yn ei galon. Beth fyddai Llywelyn, a oedd yn nofis gydag o yn Ystrad Fflur, yn ei ddweud am hyn tybed? – "Sâl o gariad, wir!"

Yna fe awgrymodd ei ewyrth i Ddafydd mai peth da fyddai iddo fynd at gydnabod iddo, Ifor ap Llywelyn, a oedd mor groesawus i feirdd nes iddo gael ei alw'n Ifor Hael, a'i wraig Nest, y ddau'n byw yng Ngwernyclepa, ger Basaleg, yng Ngwent. Ac yno yr aeth o. Daeth y tri hyn yn gyfeillion mawr. Byddai Dafydd ac Ifor yn mynd allan i hela ceirw, a byddai'n werth gweld Ifor, a oedd yn ŵr cadarn cryf ac yn rhyfelwr dewr, yn marchogaeth a dilyn y bytheiaid, neu'n dal hebog yn ei fwgwd ar ei arddwrn cyn ei ollwng i'r awyr i ladd ei ysglyfaeth. Ac fe fyddai'r ddau, ac eraill o'r llys, yn saethu efo bwâu at dargedau. Hynny ydi, gwneud y pethau yr oedd uchelwyr yn arfer eu gwneud yr adeg yma. Yn y llys ei hun, fe fydden nhw'n chwarae gêm debyg i wyddbwyll. Ac, wrth gwrs, fe fyddai Dafydd yn canu ei gerddi ac yn cyd-yfed gyda'i gyfaill. Fe ganodd wahanol fathau o gerddi i Ifor ac i Nest, awdlau ac englynion yn moli'r ddau, a hefyd gywyddau yn gwneud yr un peth. Yn un o'i gerddi y mae Dafydd yn dweud mor falch oedd o o gael pâr o fenig yn anrheg gan Ifor.

Yna fe ddaeth newydd da o Emlyn: roedd Llywelyn, ewyrth Dafydd, wedi cael ei godi'n Gwnstabl y Castell Newydd, gyda gofal am y dref ac am gasglu trethi'r arglwyddiaeth. Er mwyn gwneud hyn roedd wedi tyngu llw o ffyddlondeb i'r Tywysog Du.

Tra oedd Dafydd gydag Ifor a Nest fe fyddai'n mynd ar grwydr bob hyn a hyn. Un Calan Mai roedd o allan yn y coed. Ac, fel bob amser, roedd o'n cael ei ryfeddu gan dyfiant y coed a thrwch y dail. Fe ddechreuodd feddwl am y mis, Mai, fel uchelwr hael, rhywun tebyg i Ifor, yn dod drwy'r byd yn ei dro yn rhannu ei gyfoeth a gwneud pawb yn llawen. "Sut yn y byd y gall neb feddwl am brydferthwch fel rhywbeth drwg?" meddyliodd, gan gofio am y Brawd Llwyd. "Mae hyn i mi yn nefoedd, tra y bydd e'n parhau."

Yna, clywodd geiliog bronfraith yn canu, ac ni allai beidio â meddwl am ei gân o fel rhywbeth gloyw. "Mae hwn rywbeth yn debyg i mi fy hun," meddyliodd, "yn canu cân o gariad."

Gan ei fod yn y coed a'i bod hi'n fis Mai dechreuodd feddwl am gariad, ac am garu yn y coed. Cofiodd amdano'i hun a Morfudd yn caru, a daeth hiraeth fel ton drosto fo. Yn amser Dafydd, nid cariadon yn unig oedd yn y coedydd, ond herwyr hefyd, rhai oedd wedi dianc i'r coedydd a'r mannau gwyllt am eu bod nhw wedi torri'r gyfraith. "Rydw i'n debycach i herwr nag i gariad neb," meddyliodd Dafydd. "Rydw i yn fa'ma, ymhell oddi wrth fy Morfudd, ond dydw i ddim yn euog o ddim byd, ond ei charu hi. Wir, mae byw hebddi hi fel carchar. Rydw i'n dioddef o'i herwydd hi." Ac fel yr oedd o'n meddwl hyn fe gofiodd o eto am eiriau Llywelyn yn Ystrad Fflur gynt, "Sâl o gariad, wir!" A gwenodd.

love messenger

Dro arall, fe benderfynodd Dafydd anfon y gwynt yn negesydd serch, neu latai, at Forfudd. Disgrifiodd y gwynt fel rhywbeth hollol rydd, heb neb i'w rwystro rhag gwneud dim, na gwneud dim niwed iddo fo. "Mor wahanol y mae hi arna i," meddyliodd, "efo Eiddig, y Bwa Bach, yn dwyn cyhuddiadau yn f' erbyn, ac wedi llwyddo i 'nghau i allan o'r lle y mae hi." Felly dyma fo'n penderfynu anfon y gwynt i Uwch Aeron, y tro hwn, i ddweud ei fod o hyd yn ei charu.

Yr oedd Dafydd yn ei ôl ym Masaleg efo Ifor a Nest pan ddaeth newydd eto o Emlyn. Y tro hwn newydd drwg oedd o. Roedd rhyw Syr Richard de la Bere, Norman, wedi cael ei benodi yn Gwnstabl y Castell Newydd yn lle Llywelyn. "Rhaid i mi fynd i fyny yno," meddai Dafydd, a doedd dim modd ei berswadio i beidio â mynd. Tra oedd o ar y daith, dyma a ddigwyddodd.

Roedd Llywelyn a'i wŷr yn y Ddôl Goch pan ddaeth y newydd am de la Bere. Yna, cyn pen deuddydd, roedd de la Bere a nifer o filwyr yn curo wrth ddrws Y Ddôl Goch. Agorwyd y drws. Daeth y milwyr i mewn ar frys, gwthio gweision Llywelyn o'r ffordd, troi stolion a setlau a byrddau a gweiddi, yn Ffrangeg, "Allan, allan. Pob Cymro allan."

Yn dilyn y rhuthr hwn daeth Richard de la Bere ei hun. Roedd yn filwr Normanaidd, mewn gwisg o ddur, ac yn gwisgo helmed aruthr ar ei ben oedd yn ddigon i ddychryn unrhyw un.

"Allan," meddai yntau hefyd. "Camgymeriad y Tywysog Du oedd dyrchafu Cymro'n Gwnstabl yn unlle. Dydi Cymry ddim i fod i ddal unrhyw swydd o bwys. Dydyn nhw ddim yn ffit i hynny. Allan."

Erbyn hyn roedd wedi cyrraedd y neuadd. Safai Llywelyn yno, fel ei wŷr, heb ei arfwisg a heb ei arfau.

"Nid dyma'r ffordd i ddod i dŷ neb," meddai Llywelyn, yn Ffrangeg.

"A phwy sy'n dweud?" holodd de la Bere.

"Fi sy'n dweud," meddai Llywelyn, "perchennog y llys hwn."

"Fi ydi Cwnstabl newydd y Castell," meddai de la Bere.

"Beth am hynny? Fi oedd y Cwnstabl, cyn i gelwyddgwn fynd at y Tywysog a dweud anwireddau amdana i. A phe bai ganddo fo ddiddordeb yn y gwir, fi fyddai Cwnstabl y Castell o hyd."

"Paid ti â meiddio awgrymu dim drwg yn erbyn y Tywysog," meddai de la Bere. "Y gwir ydi dy fod ti wedi bod yn llenwi dy bocedi dy hun efo trethi'r Tywysog. Dyma sydd i'w gael o roi unrhyw awdurdod i Gymro."

"Nid y Castell ydi hwn, ond fy nhŷ i; does gen ti ddim hawl i fod yma," meddai Llywelyn.

"A phwy sy'n dweud?" gofynnodd de la Bere.

"Fi, unwaith eto. Nid fel anifeiliaid y byddwn ni, Gymry, yn gwneud ein trefniadau," meddai Llywelyn.

"Dal dy dafod o flaen dy well," meddai de la Bere. "Fe ddangoswn ni iti sut yr ydym ni'n gwneud pethau."

"Fel cachgwn a llyfrgwn," meddai Llywelyn. "Rydym ni'n gwybod hynny."

"Fel be?" meddai de la Bere, gan ostwng ei lais. "Fel be?"

"Mi glywaist," meddai Llywelyn, "ond os nad wyt ti'n medru gwrando, fe ddyweda i eto." Yna dywedodd yn araf ac yn eglur iawn, "Fel cachgwn, ac fel llyfrgwn."

"Fydda i ddim yn diodde siarad fel yna – gan yr un dyn byw," meddai de la Bere.

"Rwyt ti'n ei glywed e gen i," meddai Llywelyn, gan edrych yn gadarn arno.

"Caewch ei geg o, ddynion," gorchmynnodd de la Bere.

Dynesodd dau o'i filwyr at Lywelyn. Cododd yntau stôl a tharo'r cyntaf yn ei ben nes y disgynnodd o fel boncyff. Cafodd yr ail yr un driniaeth. Erbyn hyn roedd gwŷr Llywelyn wedi dechrau ymladd efo milwyr de la Bere, er nad oedd ganddyn nhw ddim arfau. Tynnodd de la Bere ei gleddyf a nesu at Llywelyn; ceisiodd roi ergyd iddo, a methu. Fel yr oedd de la Bere yn plygu ymlaen ar ôl methu ei ergyd, rhoddodd Llywelyn ddyrnod iddo ar ei war nes ei fod o ar ei wep ar y llawr. Oddi ar ei fol ar y llawr dechreuodd de la Bere weiddi, "Lladdwch o, lladdwch o! Lladdwch bob Cymro!"

Ar ôl lladd gwŷr Llywelyn roedd yna ddeg o ddynion de la Bere yn nesu at Lywelyn ac yn cau amdano fo. Erbyn hyn roedd de la Bere wedi codi. "Peidiwch," gorchmynnodd, "peidiwch â tharo. Fi biau hwn." Ar ôl ymdrech fawr cydiodd pedwar o ddynion de la Bere yn Llywelyn a thrywanodd hwnnw fo, un waith, dwy waith, tair gwaith â'i gleddyf.

"A rŵan, mi ddifethwn ni dai y ffŵl yma," meddai de la Bere.

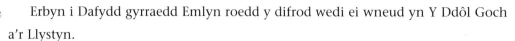

Erbyn i Dafydd gyrraedd Emlyn roedd y difrod wedi ei wneud yn Y Ddôl Goch a'r Llystyn.

Dydd trist iawn oedd dydd claddu Llywelyn yn Llandudoch. Ni ddaethpwyd â llofrudd Llywelyn i gyfraith am fod ganddo ormod o ffrindiau ym myd y gyfraith fel ag yr oedd hi yng Nghymru'r adeg honno, sef cyfraith estron, anffafriol i'r Cymry. Fel y cynullai teulu a chyfeillion Llywelyn i'r eglwys, safai gwŷr de la Bere o gwmpas yn edrych yn wamal a sarhaus arnyn nhw. Roedd dicter yn llenwi calon Dafydd fel y gwyliodd ei ewyrth, ei athro, a'i gyfaill yn cael ei roi mewn bedd. Fel y gwelai o'n cael ei gau yn y bedd hwnnw daeth cofion fyrdd iddo am y tŷ agored a chroesawgar a gadwai ei ewyrth, ac am yr holl sgwrsio diddan fu rhyngddyn nhw eu dau, a'r holl ddysgu braf a fu unwaith. Dechreuodd Dafydd feddwl am y bedd y claddwyd o ynddo fo fel tŷ, tŷ i ŵr mud.

Ar ôl yr angladd aeth Dafydd i dŷ un o gyfeillion Llywelyn. Yno y canodd awdl farwnad, sef awdl yn sôn am ei ewyrth, yn ei foli, ac yn sôn am ei hiraeth ar ei ôl, a'r golled yr oedd Dyfed wedi ei dioddef. Y tro hwn canai Dafydd yn hen ddull y beirdd, ond gan roi yn y cyfan rym ei awen arbennig ei hun. Yn rhan gyntaf yr awdl canodd gan bwysleisio fod Llywelyn bellach yn fud: "heddiw'n fud", "gŵr mud". Yna soniodd am y gwae a ddaeth oherwydd lladd Llywelyn, gan ddisgrifio ei ddaioni a'i gadernid, cyfeirio at ei gartrefi wedi eu dinistrio, sôn am y lladd, a gobeithio y byddai'r un a'i lladdodd yn cael ei ladd. Soniodd ei bod yn rhyfedd na fu iddo fo, Dafydd, golli ei bwyll oherwydd ei golled, a gorffennodd trwy ddweud i Lywelyn fod yn bennaeth ar Ddyfed i gyd:

'Penrhaith ar Ddyfed faith fu.'

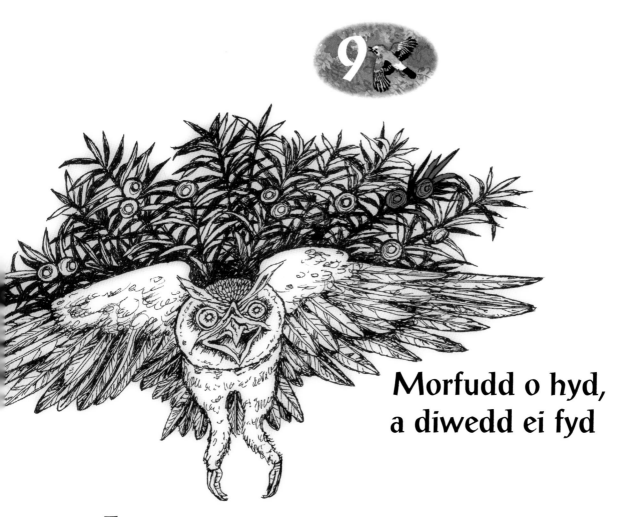

Morfudd o hyd,
a diwedd ei fyd

Fel bardd yr oedd Dafydd, wrth gwrs, yn dal i grwydro. Yr oedd o, erbyn hyn yn mynd yn hŷn – ac inni gofio, unwaith eto, fod hanner cant yn hen yn ei amser o. Ond roedd o'n dal ati i feddwl am Forfudd. Un Ebrill roedd o yn y coed, y math o le a fyddai bob amser yn dod â Morfudd a chariad i'w feddwl. Roedd yr eos a'r fronfraith a'r ehedydd o'i gwmpas ac yn peri llawenydd iddo, fel bob amser. Ac, fel bob amser, roedd gweld coed yn deilio a thyfiant newydd gwanwyn a haf newydd yn peri cyffro iddo o'r newydd.

'A dail glas ar dâl y glyn,

A'r draenwydd yn ir drwynwyn,'

meddai wrtho'i hun. Ond ar draws hyn i gyd dyma biogen yn dechrau cecian. Roedd hi'n union fel pe bai hi'n dwrdio. A dyma Dafydd yn dechrau dychmygu fod y biogen yn dweud y drefn wrtho fo. "Pam rwyt ti yn fan'ma, y gŵr llwyd hen?" – dyna y mae hi'n ei ofyn, dychmygodd.

Dyma yntau'n ateb, "Disgwyl am fy nghariad yr ydw i."

"Dos adre. Wrth y tân y mae dy le di, y ffŵl gwirion," meddai'r biogen. "Ddylet ti ddim bod yn meddwl am ferched. Byddai'n llawer rheitiach iti fod yn feudwy a byw ar dy ben dy hun."

"Wir i ti," meddai Dafydd, "os trawa i ar dy nyth di, fe fydda i'n ei falu e'n racs gyrbibion."

Dro arall roedd o yng Ngheredigion, ddim ymhell iawn o gartref Morfudd. Beth a welai ond ysgyfarnog hirglust yn neidio o gwmpas ac yn anodd ei dal. "Dyna fel y mae cariad," meddyliodd Dafydd, "yn enwedig fy nghariad at Forfudd – anodd iawn ei ddal. Fe fyddai'n llawer iawn gwell i mi roi'r gorau iddi," meddyliodd, "ond waeth imi heb â meddwl fel hyn, a finnau'n gwybod na alla' i ddim peidio â'i charu." Ac fe wyddai y byddai'n rhaid iddo fynd o fewn golwg ei chartref y noson honno, fel bob amser, pan oedd o fewn cyrraedd iddo, Eiddig neu beidio – er nad oedd pethau bellach cynddrwg rhwng Dafydd a hwnnw ag y bu hi gynt. Meddyliodd Dafydd amdano'i hun fel gŵr claf, oherwydd ei serch at Forfudd, ac yn clwyfo mwy a mwy o hyd, ac yn methu cysgu winc heb fynd draw at olwg ei thŷ:

Heno ni chaf, glaf glwyfaw,

Huno drem oni fwy draw.

"Mae hi'n boen arnai, fel hunllef": roedd o'n teimlo hyn mor gryf fel y dywedodd y geiriau yn uchel wrtho'i hun.

Aeth rhai blynyddoedd heibio. Roedd hi'n ganol y bedwaredd ganrif ar ddeg. Yn y ganrif honno fe ddigwyddai pethau ofnadwy bob hyn a hyn, er nad ydi Dafydd ddim yn sôn fawr ddim am bethau felly yn ei gerddi. Fe fu yna flynyddoedd garw, pan fethai'r cynhaeaf mewn gwahanol rannau o Gymru, neu pan oedd yna glwy ar yr anifeiliaid, neu pan oedd yna stormydd a llifogydd mawr; ond doedd pethau felly ddim yn cymharu â'r hyn a ddigwyddodd ynghanol y ganrif. Daeth y pla i Gymru, a pheri marwolaethau yma, fel ar draws y byd. Roedd y gair 'pla' yn ddigon i godi arswyd ar bawb yr adeg hon, fel bob amser, a rheswm da pam – roedd pobol yn marw wrth y miloedd. Gan fod y pla hwn yn aml yn troi tafodau'r meirwon yn ddu, fe'i galwyd o yn 'Marw Du'. Fe gychwynnodd yng nghanol Asia ac yna gweithio'i ffordd i Tjeina, ac yna i Ewrop. Yr hyn oedd yn ei achosi, yn y lle cyntaf, oedd chwain. Roedd math arbennig o wenwyn yn mynd i'w gwaed fel na allen nhw fwydo'n iawn. Wedyn wrth iddyn nhw geisio bwydo ar lygod mawr duon, roedden nhw'n gwenwyno'r rheini ac yn eu lladd nhw. Yna fe ddechreuodd y chwain geisio bwydo ar bobol, gan wenwyno'r rheini hefyd. Roedd marwolaeth ofnadwy yn dilyn. O dir mawr Ewrop fe gyrhaeddodd y pla dde Lloegr a sgubo yn ei flaen i Gymru. Roedd pobol yn marw allan, ar ochrau ffyrdd neu yn eu tai, a doedd yna neb yn fodlon eu claddu nhw, rhag dal y pla eu hunain. Weithiau roedd carcharorion yn

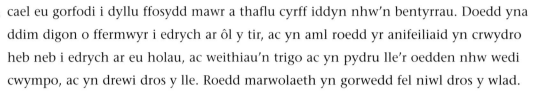

cael eu gorfodi i dyllu ffosydd mawr a thaflu cyrff iddyn nhw'n bentyrrau. Doedd yna ddim digon o ffermwyr i edrych ar ôl y tir, ac yn aml roedd yr anifeiliaid yn crwydro heb neb i edrych ar eu holau, ac weithiau'n trigo ac yn pydru lle'r oedden nhw wedi cwympo, ac yn drewi dros y lle. Roedd marwolaeth yn gorwedd fel niwl dros y wlad.

Yr adeg hon roedd Dafydd ar grwydr, ac un diwrnod yn dynesu at bentref bach. Roedd y lle'n hollol ddistaw, a neb i'w weld yn unlle. Penderfynodd beidio â mynd yn agos at y lle. Yna fe glywodd sŵn. Meddyliodd i ddechrau mai anifeiliaid oedd yna, ond fel y dôi'r sŵn yn nes fe sylweddolodd mai torf fechan o bobol oedd yna, yn fudur, ac yn dod dan eu chwipio eu hunain a chwipio ei gilydd a gweiddi, "Dduw trugarha, trugarha wrthym"; "Rydym ni wedi pechu, ac rwyt ti wedi anfon y pla yma i'n lladd ni"; "Rydym ni'n edifarhau, yn edifarhau. Rydym ni'n ein cosbi ein hunain." Wedyn fe fydden nhw yn eu chwipio eu hunain yn saith gwaeth.

Ffodd Dafydd o'u golwg nhw mewn dychryn ac ofn. Ond doedd yna unlle i ffoi, mewn gwirionedd. Ond gan fod llai o bobol yn yr ucheldir, roedd rhywfaint llai o beryg i rywun ddal y pla yn fan'no, a throi am lefydd felly a wnaeth Dafydd. Ymhen hir a hwyr fe gyrhaeddodd ddarn o dir uwchben Tal-y-llyn, ar y ffordd i Ddolgellau. Dyma dir Hafod Oer. Gobeithiai y byddai'r hen deulu'n dal yno, fel y buon nhw yn y dyddiau gynt. Roedd hi'n ddiwrnod o wanwyn, yn ddiwrnod sych ond braidd yn oer fel y dôi i'r gwastadedd rhwng y mynyddoedd. Gallai weld yr hen dŷ, ac ychydig goed o'i gwmpas, coed a oedd i fod i'w gysgodi rhag y gwyntoedd a fyddai'n gyrru i lawr y dyffryn, yn enwedig yn y gaeaf. Ond fel y dynesai ato, doedd yna ddim arwydd o unrhyw fywyd yno. Doedd dim mwg, ac felly doedd yna ddim tân. Doedd yna ddim anifeiliaid o gwmpas chwaith. Teimlodd fel pe bai crafanc oer yn gafael yn ei galon. Roedd y to'n rhacs, fel pe bai gwynt ffyrnig wedi ymosod arno, a'r waliau'n dyfiant gwyrdd drostynt. Roedd y drws yn hongian wrth un colyn, a'r ffenestri fel llygadau tywyll, dall. Roedd y cyfan fel penglog wedi hanner madru, neu fel asgwrn amrwd yn y gwastadedd. Gwthiodd y drws â'i droed, a disgynnodd. Dychrynwyd Dafydd wrth i ddau fochyn ruthro allan heibio iddo gan wichian a rhochian. Yna aeth Dafydd i mewn a sefyll ar yr hen aelwyd. O edrych i fyny gwelai'r awyr. Edrychodd o'i gwmpas: roedd y llawr pridd yn ffiaidd o fudur, ac olion aflan moch a defaid drosto. Mewn congol gwelai hen stôl wedi torri, a baw gwyrdd yn grystyn drosti. Cofiodd fel y bu o a Morfudd yma unwaith, yn gafael am ei gilydd. Cofiodd am ei breichiau gwynion tyner hi am ei wddf, a chofio'r coed wrth y tŷ yn leision ac addfwyn i gyd, a'r byd yn hyfryd yn yr haf. "Beth sydd ar ôl o hynny?" meddyliodd, ac atebodd ei gwestiwn ei hun yn chwerw a thrist, "Budreddi a gwacter." Arhosodd, edrych o'i gwmpas eto, a daeth y cof cynnes a llawn llawenydd am sut yr oedd pethau unwaith yn gryf drosto. "Efallai," meddyliodd, "efallai, mai budreddi a gwacter sydd yma nawr, ond fe fu yma, unwaith, fywyd da, cwmni da, a chariad." Daeth darlun o Forfudd yn ifanc, hardd, cariadus a chwareus yn fyw o flaen ei lygaid. "Ac y mae'n debyg mai dim ond hi sydd ar ôl o'r teulu oedd yma mor ddiddan gynt," meddyliodd.

Penderfynodd fynd yn ei ôl am Frogynin. Aeth i'r bwlch yn y mynyddoedd cyn dechrau mynd i lawr am Dal-y-llyn. Yno parodd i'w geffyl sefyll, ac edrychodd yn ei ôl un waith eto, am y tro olaf, ar Hafod Oer. Yna trodd i fynd yn ei flaen ar ei daith. Sylwodd fod yr awyr yn lliw rhyfedd iawn, yn glytiau o goch llidiog, llinellau sgrechlyd o wyrdd, darnau duon, a rhyw glefyd melyn yn lledu drwy'r cwbwl. Roedd fel pe bai poen y byd yr adeg honno i'w weld yn yr awyr. Dechreuodd Dafydd feddwl am Ddydd

y Farn ac am Uffern. Yna, yn drist, dyma fo'n annog ei
geffyl i symud yn ei flaen.

Aeth yn ei flaen trwy'r wlad wag. Pwysai distawrwydd
arswydus dros bob man. Y cwbwl a glywai oedd crawcian
ambell gigfran yn clecian yn erbyn y creigiau yn yr
uchelderau o'i gwmpas. "Brain duon," meddyliodd
Dafydd, "fel darnau o angau ar hyd y lle."

Bu'n hir ar y daith. Roedd hi'n brynhawn y diwrnod
wedyn arno'n cyrraedd Llanbadarn. Roedd wedi gorfod
cysgu allan, yng nghysgod craig. Fe ddewisodd, yn
fwriadol, fynd heibio i gartref Morfudd. Pan oedd yn
weddol agos at y tŷ, gwelai ryw wraig yn ei chwman
fel pe bai hi'n crafu am rywbeth. "Un o'r morwynion,"
meddyliodd Dafydd. Yna, pan oedd yn ddigon agos,
clywodd y wraig o. Cododd ei phen. Gwelodd Dafydd
hen wraig, grwca, lwyd ei gwallt yn edrych arno â
llygaid crychlyd. Yna aeth adnabyddiaeth fel saeth
i'w galon. Morfudd! Cymerodd beth amser iddi hi ei
adnabod yntau. Cyn gynted ag y gwnaeth, rhoddodd
gri dorcalonnus, codi ei dwylo i guddio ei hwyneb, a
ffoi yn drwsgwl i'r tŷ. Hanner disgwyliai Dafydd weld
Eiddig yn dod allan, ond ni ddaeth. Roedd y tŷ hwn, fel
cymaint o dai, yn dawel, difywyd, ac arswyd mynwent

103

dros y lle. Roedd hi'n demtasiwn gref i Dafydd ffoi oddi yno, ond mynd yn ei flaen yn dawel ac araf a wnaeth.

Dim ond dau oedd ar ôl ym Mrogynin, morwyn a gwas. Edrychasant yn ofnus wrth weld dyn ar gefn ceffyl yn nesu at y tŷ, a swatio yno'n ddistaw. Y pla oedd ar eu meddwl nhw, fel ar feddwl pawb. Daeth Dafydd oddi ar ei geffyl. Roedd nifer o ieir yn pigo o gwmpas drws y tŷ, a ffoesant yn swnllyd fel y daeth Dafydd ato. Gwthiodd y drws yn agored ac, fel y gwnaeth, dyma'r forwyn yn rhoi ebychiad o ofn. Gwelodd Dafydd y forwyn a'r gwas fel creaduriaid ofnus mewn congol.

"Mali," meddai. "Rhys."

"O'r nefoedd! Chi sy 'na, Meistar," meddai Mali. "Diolch i Dduw am hynny." Daeth y ddau allan. "Mae hi'n ddifri, meistar," meddai hi wedyn. "Bwyd yn brin. Pobol yn crwydro'n chwilio am beth bynnag gân nhw. Dim ots sut."

Llwm iawn oedd eu pryd yr hwyr hwnnw.

"Rydw i wedi bod wrthi'n cadw'r ffynnon yn lân, meistar," meddai Rhys. "Mater o raid. Cadw unrhyw anifeiliaid rhag mynd yn agos ati rhag ofn fod 'na glwy arnyn nhw."

"Mae hi'n well yma nag mewn llawer lle," meddai Dafydd gan ddisgrifio rhai o'r pethau yr oedd o wedi'u gweld.

Ar ôl y pryd aeth Dafydd allan. Ni allai beidio â meddwl am yr hen wraig yr oedd wedi'i gweld wrth dŷ Eiddig. Cofiodd am bregeth rhyw Frawd Du – un o'r Brodyr Dominig – a glywodd flynyddoedd yn ôl ar sgwâr pentref. Cofiodd iddo wylltio'n gudyll wrth ei glywed.

"Be ydi cnawd ond rhywbeth llwgwr! Be ydi tegwch ond rhywbeth sydd yn darfod

cyn dim o dro. Ti," meddai gan gyfeirio at ŵr ifanc, "yn deg dy wedd a dy wallt – dros dro yr wyt ti yma, dros dro. Tithau," meddai gan gyfeirio at ferch ifanc feichiog, "teg, yn wir! Yn wyn dy gnawd, yn ddu dy wallt – dros dro, dros dro; ac yn llwch am byth. Meddyliwch am hyn: dyn yn cael crys o'r defnydd meinaf, gwychaf, gwerthfawrocaf, gyda botymau grisial drud arno; y dyn yn ei wisgo, ei wisgo am wythnos heb ei dynnu o. Sut olwg fydd arno fo? Sut olwg, meddaf. Blêr, du, budur. Ar ôl tipyn bach o amser, felly y bydd eich cnawd chwithau, i gyd ohonoch chi. Trowch oddi wrth y byd yma a'i bethau a'i ddifyrrwch pwdwr; meddyliwch am y byd y tu draw i'r bedd, lle'r ydym ni i gyd yn mynd. Cadwch eich eneidiau rhag pleserau gwag, a'ch golwg ar y daioni tragwyddol. Cadwch eich eneidiau rhag uffern, y lle hwnnw a grewyd ar gyfer eneidiau colledig. Y mae uffern yn garchar tywyll, drewllyd, lle y mae pechaduriaid wedi eu pentyrru ar bennau ei gilydd, yn cael eu cnoi gan bryfed gwenwynig, ac yn llosgi mewn fflamau tragwyddol. Sut y mae yno dân, a dim goleuni? Am mai lle o dân tywyll ydi o, lle o stormydd o fflamau tywyll a mwg du. Tân tywyll ydi hwn sy'n llosgi, ond ddim yn difa eneidiau'r rheini a fwynhaodd brydferthwch y byd hwn a'r cnawd."

"Celwydd," meddai Dafydd yn uchel wrtho, "Celwydd. Am fod cnawd yn darfod a phrydferthwch yn darfod y maen nhw'n werthfawr, ac fe ddylem ni i gyd ddiolch am y pethau hyn sydd i gyd yn rhoddion Duw da."

"Fe weli di bethau'n wahanol ryw ddydd, llanc. Rwy'n dweud y gwir. Fi sy'n iawn."

Wrth iddo gofio geiriau'r brawd, dyma Dafydd yn dwyn i gof mor brydferth oedd Morfudd unwaith, ac mi gofiodd, yr un mor sydyn, am yr hen wraig yr oedd o wedi ei gweld hi dro bach yn ôl. A oedd y brawd yn dweud y gwir? Yr oedd hi'n hyll, yr oedd hi'n llwyd. A oedd hi wedi bod yn glaf? "Dydym ni ddim yn para," meddai Dafydd wrtho'i hun, "neb ohonom ni." Ond wrth iddo hel meddyliau fel hyn fe'i cafodd ei hun yn cerdded, heb yn wybod, draw tuag at dŷ Eiddig, draw lle'r oedd Morfudd. "A ydw i, er gwaethaf popeth," meddyliodd, "yn dal i feddwl amdani, yn dal yn glaf o'i chariad?" Cofiodd ei eiriau ei hun amdani hi a'i chartref:

'Heno ni chaf, glaf glwyfaw,
Huno drem oni fwyf draw.'

A dal i fynd tuag at ei thŷ wnaeth o; roedd y cof am yr hyn oedd hi erstalwm yn dal ei afael yn ffyrnig ynddo fo. "Doedd y Brawd Du ddim yn dweud y gwir," meddai Dafydd wrtho'i hun, "doedd o ddim yn iawn."

Gyda'i ben yn llawn o feddyliau golau a thywyll fe gychwynnodd Dafydd allan, y diwrnod wedyn, am Ystrad Fflur. Wrth fynd tuag yno fe gofiai am y tro cyntaf un yr aeth o yno. Roedd y byd i gyd yr adeg honno fel pe bai o'n wyrdd ac yn deffro; heddiw, er ei bod hi'n wanwyn, roedd y byd fel pe bai o i gyd yn llwyd. Pan gyrhaeddodd y fynachlog, doedd y porthor ddim yno. Daeth dau o Frodyr allan o'r prif adeilad, yn ofnus a gofalus. Llywelyn oedd un ohonyn nhw, Gruffudd oedd y llall. Dyma nhw'n adnabod ei gilydd, ond doedd yna ddim o'r hen lawenydd yn y ffordd y daru nhw gyfarch ei gilydd.

"Mae tri o'r brodyr wedi marw," meddai Llywelyn.

"A'r hen borthor a dau o'n bugeiliaid ni," ychwanegodd Gruffudd.

"Y pla?" gofynnodd Dafydd.

Nodiodd y ddau eu pennau. "Fe fu'n rhaid inni eu claddu nhw ar frys, ac mewn calch," meddai Gruffudd. "Ychydig iawn sy'n dod heibio yma bellach."

"Efallai fod hynny'n beth da," meddai Dafydd, "mae llai o siawns i'r pla ddod yma felly."

"Sut y mae hi hyd y wlad?" gofynnodd Llywelyn.

"Go druenus," atebodd Dafydd. "Mae yna lai o bobol ym mhob man, dim gweithwyr i edrych ar ôl yr anifeiliaid ac i edrych ar ôl y tir mewn llawer i le."

"Dyna ddwedodd y diwetha a ddaeth heibio hefyd," meddai Llywelyn. "Ond tyrd i mewn."

Ac yno y bu Dafydd. Yna tua diwedd Ebrill dyma fo'n dechrau clwyfo. Mynnodd Gruffudd a Llywelyn edrych ar ei ôl o. Yna ar nos Galan Mai dyma Dafydd yn gofyn a gâi o gyffesu. Gwrandawodd Llywelyn arno. Dechreuodd Dafydd: "Prydydd i Forfudd wyf fi," dywedodd, a dechrau sôn pa mor hir yr oedd o wedi ei charu hi, "Claf o serch, wy'st ti," meddai wrth Lywelyn, ac er ei boen fe wenodd. Ond doedd Llywelyn ddim yn cofio dim am ei eiriau ei hun pan oedd yn nofis ifanc flynyddoedd yn ôl – "Claf o serch, wir!"

"Os nad oedd yn iawn imi ei charu hi," meddai Dafydd, "Duw faddeuo imi." Ac yna fe fu farw.

Aeth y brodyr ati i'w gladdu ar frys, rhag ofn mai'r pla a'i lladdodd o. Wrth fur Ystrad Fflur y claddwyd o, ger yr hen ywen fawr y bu o'n ei dringo hi pan oedd o'n hogyn. Dyma ei dŷ dail diwethaf un, ond doedd Morfudd, na'r un ferch arall, yno gydag o dan gangau helaeth yr ywen hon.